もっと人間力を高めたくなったら読む本

「ニューモラル」仕事と生き方研究会 編

モラロジー道徳教育財団

はじめに

あなたは、どのようなときに「人間力」の必要性を感じますか。

器の小さな自分にがっかりしたとき、自信が持てないとき、それとも新たな役割に自らを奮《ふる》い立たせているときなどでしょうか。自信や向上心、ピンチにもめげない力など「人間力」を高めて人生を前向きに生きたいと考える人は多いでしょう。同時に、頭で理解するだけでは人間力が高まらないと実感している人も多いはずです。

では、人間力が高い人は、いつもどのようなことを心がけているのでしょうか。器の大きな人、気配りができる人、人から慕《した》われている人、信頼されている人……。共通するのは、小さな気づきを大切にしていたり、自分の器を磨く実践を積み重ねていたりすることです。そうした習慣の積み重ねによって人間力は少しずつ高まっていくものです。

本書では、人間力が高い人の習慣を誰でも簡単に真似《まね》できるように、三つのお助けツールを用意しました。

〈お助けツール①　三つの人間力に注目する〉

各章で、人間力の要素を「気づく力」「深める力」「活《い》かす力」の三つに整理しました。

「気づく力」とは、喜びや思いに気づく力のことです。
「深める力」とは、気づきを自分の心に落とし込んでより理解する力のことです。
「活かす力」とは、深めた力を家庭や社会などで発揮する力のことです。
この三つの力は、「気づいて」「深めて」「活かす」のステップにもなっています。順番にステップアップするのもいいですし、気になる「力」から読み進めることもできます。あなたの思いや状況に応じて自由に読み進めてください。

〈お助けツール②　人間力を高めるワンステップ〉

すべての話材の最後に「人間力を高めるワンステップ」として、あなたの経験を手がかりにして、人間力を高めるための「問いかけ」をつけました。人生の中で今まで「経験したこと」「深く考えたこと」などは、あなたの人間力を育てる〝人間力の種〟です。ただ種のまま放っておいては埋《う》もれたままです。問いかけることで、すでにある自分の人間力が引き出されます。ぜひ気軽にやってみてください。

〈お助けツール③　学びを行動に変える人間力トライ〉

巻末には、それぞれの中にある「話材の人間力を高めるための要素（ポイント）」を見つけて、楽しみながら実践につなげられるツールとして書き込みタイプのワークシート「学びを行動に変える人間力トライ」をつけました。読んで、考えて、実践してみたいと思ったら「やることリスト」を書き出してみましょう。行動してみることで、少しずつ日常が変わっていくのを実感できるはずです。

本書は、すべての話材が見開きで完結していますので、どこからでもお読みいただけます。三つのお助けツールも活用し、無理なく気軽に楽しく人間力を高めることにトライしてみてください。小さな自分を脱ぎ捨てるための小さな実践の積み重ねは、やがて大きな差になります。人間力が高まっていく実感を味わいながら、より豊かで喜びの多い毎日になることを願っています。

※本書は、「仕事や生き方をよりよいものにするにはどのような力が必要なのか」を考える「ニューモラル」仕事と生き方研究会が五十年にわたり、「人間力」を高めるための心づかいと行いのあり方を提唱してきた月刊誌『ニューモラル』（昭和四十四年創刊）から、仕事と生き方をはじめ、人生を歩む上での指針となる話を精選し、八十七話を収録したものです。

「ニューモラル」仕事と生き方研究会

器を知るヒント

器を広げるヒント

器を満たすヒント

器を知るヒント

ときめきでいっぱいに

気づく力

　あなたは最近、日常のふとした瞬間にときめいていますか。胸が熱くなり、幸せだなあと感じた瞬間。生きていてよかったなあと実感したとき。うれしくてうれしくて涙がこぼれたとき。心が澄みきって、とても優しい気持ちになったとき。思わず躍《おど》りだしたいくらい、体の中で何かが弾みだしたとき――。このようなとき、私たちの胸の中には〝ときめき〟が生まれています。

　人間にはもともと愛する力が備わっていて、その力は使えば使うほど強くなります。最近、あるだけで楽しくなるものがあなたの身近にありますか。うれしいと感じるものを身につけていますか。おいしいと感じるものを食べていますか。また、愛する力を意識して育てているでしょうか。

　私たちは、身の回りに愛着を感じるものがあるだけでときめきます。ときめく秘訣は愛着を感じること。つまり愛することなのです。身の回りにあるものを愛する分だけ、ときめきは生まれます。

気に入っているものに愛情を感じ、生活することを思い切り楽しみ、身近な人に愛情を伝える。すると、いつの間にか愛する力が強く大きくなり、自分を好きになり、自分を好きになった分だけ物や人を好きになります。そしてだんだん愛するものが増え、ときめくことが多くなります。やがて、あなたの中にある愛する力が育っていくと、胸の中はときめきでいっぱいになり、人生はイキイキと輝きだすでしょう。

人間力を高めるワンステップ

✦ 最近、ときめいたことはなんですか
✦ 嫌いだった人（もの）が好きに変わった経験はありますか

考え方の癖を変える

気づく力

私たちは日々、喜び、楽しみ、怒り、悩みなどを感じながら生きています。そして、これらの感情は、自分以外の周りのせいで起こっていると思われがちです。はたして感情とは自分以外のところから原因を与えられて起こるのでしょうか。

私たちは、多くの場合、相手に対する怒りとか、自分を否定的に考えるなど、自分も相手も不快にさせてしまうような感情で物事を考えがちです。つい、「自分にはできない」「どうしてこうなのかしら」と、怒りや悩みとして考える癖がついているのです。

でも、そのような考え方で日々を過ごしていて、自分の心の中に喜びが生まれるでしょうか。怒りや悩みなどの不快な感情よりも、喜びや楽しみなどの幸せな感情をたくさんつくっていくほうが、気持ちのいい毎日を送ることができるでしょう。

喜びの感情をつくる方法は簡単です。物事を否定的に考える癖がある人は、その反対で肯定的に考えればいいのです。もし「そんな難しいこと、私にはできない」と思われた方は、「そんな簡単なことでいいのなら、私にもできる」と考えを変えてみてください。これをいつも心がけて、考え方の癖にしていくのです。

最初はぎこちなく感じたり、どれだけ思っても考え方を変えられなかったりすることもあるでしょう。長い間、自分が持ってきた癖なのですから、そんなに短期間で変わるものではありません。しかし、自分の考え方の癖を変えようと自分に言い聞かせ続けていると、いつの間にかそれがあなたの考え方の癖になっていきます。これが考え方の癖を変えることなのです。

世の中すべてのことを「幸せな感情」で考える癖がついたなら、きっと、私たちの心は喜びでいっぱいになることでしょう。

人間力を高めるワンステップ

✦ あなたの口癖や考え方の癖は

✦ あなたの毎日を気持ちのよいものにする喜びや楽しみ、幸せとは

気づく力

喜び上手は幸せ上手

私たちが日々、生き生きと喜びを持って人生を送るには、どうしたらよいのでしょうか。それにはまず、人に笑顔で接し、温かい言葉をかけることです。それは、一人ひとりがこの世に生きていることを喜び合い、お互いの個性や持ち味を認め、生かし合うことでもあります。

誰でも、自分のしていることを認めてほしいと思っています。それが社会に生きている甲斐《かい》であり、社会で生きる手応《ごた》えなのです。自分の役割や努力が人の役に立つほど、うれしいことはありません。役に立っているということは、周りの人に喜びを与えているということでもあります。

例えば、赤ちゃんに優しいまなざしを向けると、赤ちゃんからも優しいまなざしが返ってきて温かな気持ちになったという経験はありませんか。親子がスキンシップをとっているとき、そこには親も子も双方に幸せホルモンと呼ばれる脳内物質が分泌され、幸せで温かな気持ちに包まれます。子供を喜ばせているつもりが、親のほうが幸せな気分になるのは珍しいことではありません。まるで鏡のように喜びが自分へと返ってくるのです。

同じように夫婦も鏡です。夫があれをしてくれない、妻がこれをしてくれないと相手を非難し合う関係を望む人はいないでしょう。まずは自分から相手の些細《ささい》な気配りや変化、声かけに気づけているでしょうか。そして、自分は相手に喜びをもたらせているのでしょうか。

人を喜ばせながら自分も喜び、楽しむことができたら、人生はどんなに豊かで素晴らしいものになることでしょう。身近なところに喜びを見つけ、たとえわずかでも周りの人へ喜びのおすそ分けをしたいものです。喜び上手は幸せ上手でもあります。

人間力を高めるワンステップ

✦人のお役に立ったとき、どのような気持ちになりましたか

✦身近な人のためにできる気配りや親切、声かけを考えてみましょう

まず、自分の足もとを見つめる

気づく力

人生百年時代、先の長い将来に漠然とした不安を感じる人は少なくありません。「あまり先のことは考えたくない。今考えてみたところで、実際にどうなっていくかは誰にも分からない」という思いから、その不安を直視することを避けてしまう場合もあるのではないでしょうか。まるで暗い夜道を歩いているかのように感じることもあるでしょう。

しかし、夜道に一つ灯《あか》りがあるだけで行く手は照らされ、その灯りを頼りに進んでいくことができます。人生という地図のない旅を案内する灯りとは、自分自身の心です。旅の目的地を目指して、今というときを恐れずにどう生きるのか——。そのためにはまず、自分自身の心を見つめることから始めたいものです。

そこには、どんなに小さなことであっても「今の自分にできること」が必ずあるはずです。また、自分を支えてくれる家族や友人、職場の仲間など、さまざまな人たちとの「つながり」にあらためて気づくことができたなら、そこから力を得てまた前へ進めることもあるでしょう。

自分が置かれている状況や、ときに目の前に立ちはだかる壁からも目を背《そむ》けず、今という一瞬を大切にしながら一歩ずつプラスの方向に歩んでいけば、すぐには不安を越えられなくても、ふとした瞬間に前途が開けてくるのではないでしょうか。今、このときにどのような心の灯りを持っているかが、私たち自身の人生をプラスにもマイナスにも方向づけることになるのです。

人間力を高めるワンステップ

✦ 不安なときにあなたの心を照らす灯りはなんですか
✦ 将来への不安をプラスに変えるため「今、自分にできること」は

互いの長所を発見し続けよう

気づく力

夫婦として生活をともにするうちに、「もっとこうしてくれたらいいのに」と相手に求めることが多くなりがちです。実際に相手が自分の思いどおりに変わったり行動してくれたりしない場合は、「妻によいところなんかありません」「夫は欠点だらけです」と相手を否定したくなるかもしれません。しかし、相手に求める前に、今、ここにあるものに目を向けてみることが夫婦関係には大切です。

気をとめて　見ればこそあれ　武蔵野の　千草《ちぐさ》にまじる　花のいろいろ

漫然と眺《なが》めわたせば、武蔵野は草だけが生《お》いしげる原っぱでしかない。しかし気をとめて丁寧に見てみると、草々にまじって小さな花がたくさん咲いているのが分かる。「あっ、こんな花が咲いていた」「あっ、こんな花も……」と、次々と可憐《かれん》な花が発見できる。心が楽しくなってくる――。

この古歌のように、気をとめなければ、せっかくの美しい花々も目に入らず、武蔵野は殺風景な草むらでしかありません。注意して見なければ、あるものもないと同じなのです。

ときには夫が殺風景な草むらのように見えることもあるでしょう。妻が無味乾燥に映ることもあるかもしれません。しかし、実際には気をとめてそれぞれの長所や美点を見ていないだけではないでしょうか。できていないところやしてくれないことを数えて不満をため込むよりも、よく注意して互いの野に咲く花々を発見し合ってみましょう。「夫にはこんなに素晴らしいところがある」「妻にはこんなにステキなところがある」と、互いのよいところを見つけることができたら、どんなに心楽しくなることでしょう。

長く、代わり映えのしない毎日でも、今、ここにある些細《ささい》な美点を見続けることができたなら、夫婦は末長く幸せであり続けるでしょう。

人間力を高めるワンステップ

✦ 一番身近にいる人のよいところはどこですか
✦ 今日一日を振り返って、新たな発見や感謝したことはなんですか

すでに与えられている幸せ

気づく力

私たちは、同じだけのお金が与えられても、同じだけの自由な時間があっても、そこに皆が同じだけの幸せや満足を感じるとは限りません。ほんのわずかな自由時間をゆとりと喜ぶ人もいれば、これっぽっちと気が急《せ》いてしまう人もいるでしょう。

実は私たちの日常には、小さな喜びや幸せの種も、すでにたくさん隠れています。それを自分自身がどのように見いだしていくかによって、毎日はまったく違ったものになるのではないでしょうか。

幸せの種を見つけるヒントの一つ目は、「すでに与えられている幸せ」に目を向けることです。あれがない、これがないと「足りないもの」を数え上げればきりがなく、そうするほどに心はすさんでいきます。これと反対に「今あるもの」に目を向け、それを「ありがたいもの」として捉えてみるのです。

周囲の人との関係においても、誰かから親切を受けたら、素直に「ありがとう」とお礼を言ってみましょう。すると自分自身の心の中に温かい気持ちが湧《わ》き起こるのではないでしょうか。また、感謝の気持ちを伝えることが相手の喜びにつながるとしたら、そこには温かい人間関係が生まれ、お互いの喜びはますます増えていくことになるでしょう。

もう一つのヒントは、「誰かの役に立つ」「誰かに喜んでもらう」ということ自体に喜びを見いだす考え方です。それは必ずしも特別なことをしなければならないわけではありません。先に挙げた「感謝の気持ちを伝えること」もまた、「相手に対する思いやり」の一つでしょう。

まずは、日常のちょっとした場面で周囲に気を配ることから始めてみましょう。

人間力を高めるワンステップ

✦小さな気づかい、小さな親切、小さな気配り。今日は何に気づけましたか

✦誰かの役に立ち、喜んでもらえた経験を振り返ってみましょう

人は自分によってしか傷つかない

気づく力

私たちはつい「自分が他人にどう見られるか」と不安に感じることがあります。一人ひとりそれぞれ顔が違うように、考えていること、感じていること、思っていることも同じではないはずです。その違いを知り、その違いを認め合うことがお互いを理解し、尊重し合う第一歩となり、本当の人間関係を築く基礎になります。

しかし、違いを大切にすることは大変な時間と労力がかかるので、私たちはともすれば波風の立たない「他人と同じ」世界で暮らす傾向があるのです。

また、周りの人と違うと、自分がおかしいと思われるのではないかという不安にかられることもあります。他人にどう見られるかが気になると、自分の思いを抑えて表面的に他人に合わせてしまうことが多いようです。

協調性も大切ですが、本当の思いを抑えてばかりいては、いつか本当の自分を見失う危険性があるのではないでしょうか。

また、私たちは他人に親切にしようとするとき、体がサッと動けないことがありますが、これも「他人にどう見られるか」という他人の目が気になることが最大の原因のようです。「よく見られようとしている」「恰好《かっこう》つけようとしていると思われないか」という不安は時間が経つにつれ、そして考えれば考えるほど大きくなっていきます。頭の中では「そんなことはない。周りの人はそんなこと気にしていない」と分かっていても、つい他人の目を気にする自分が、自分を抑え込んでしまうのです。

ほとんどの場合、私たちは他人の目によって傷つくのではなく、自分によってしか傷つきません。「どう見られるか」を気にし、他人の目にとらわれている限り、自分で自分を苦しめているのです。

周りを気にせず、ときには自分の見たまま、感じたままを正直に言ったり、行ったりする自由と勇気を持ちたいものです。

人間力を高めるワンステップ

✦ 本当の自分を見失わないように、ときには自分に素直になれていますか

✦ 人からどう思われているのかを優先してしまい、行動を起こせないことはありますか

苦手な人こそ恩人

気づく力

私たちは、相手に対して不愉快な思いや嫌《いや》な感情を抱くときがあります。そのときの思いや感情をよく考えてみると、自分では気づかないうちに抑え込んでいる自分自身の思いや感情を相手の中に見いだして、相手を批判していることが多いものです。これを心理学では「投影《とうえい》」といいます。つまり、嫌いだと感じる相手の性格は、実は自分の性格の一面である場合が多いのです。「人は自分を映す鏡」といわれる所以《ゆえん》も、実はこういうところにあるのかもしれません。

私たちは、自分にとって都合の悪いことが起こると、その原因を相手や周囲のせいにしがちです。そして相手に対して不平や不満を訴え、心で責めます。特に人間関係においてはそれが顕著に現れます。

しかし、相手は「自分を映す鏡」だと捉えると、自分の不十分さや未熟さ、反省すべき点などを、誰よりもよく教えてくれる存在であると受け止めることができるのではないでしょうか。

感情的なもつれなどもあり、人間関係で起こる問題は冷静に受け止めることが難しいかもしれません。しかし、問題の原因は、相手だけでなく自分にもあるのではないかと考え直してみることで、問題の本当の姿を捉えることができます。責める心ではなく反省する心で物事を見てみるのです。

私たちは物事が順調に進んでいるとき、自分の行動や考えを見直し、反省することはあまりありません。しかし、悩みや葛藤を感じたときこそ自分を省《かえり》み、自分を磨くチャンスであり、自分の成長のための新たな一歩を踏み出すチャンスです。

「苦手な人は、自分の心を磨き高めてくれる恩人である」という考え方は、自分自身を高める〝逆転の発想〟といえるのではないでしょうか。

人間力を高めるワンステップ

✦「人は自分を映す鏡」であると実感した出来事を思い出してみましょう
✦苦手な人を思い浮かべて、自分の成長のためになる要素があるか考えてみましょう

腹八分は幸せ上手

気づく力

満腹ネズミの話をご存じでしょうか。腹八分《はちぶ》に食べたネズミは、常に満腹でいるネズミの倍、長生きするという調査結果があります。満腹ネズミは、肥満による病気、胃への負担、満腹中枢の機能不全など健康を損《そこ》ない、寿命を全《まっと》うせずに早死にしてしまうのです。同じように、私たちは、いくら欲を満たしても幸せや喜びを感じられなくなる「幸福中枢」を損なった状態に陥ってはいないでしょうか。

求めれば得られる便利な社会。その中で互いに心地よく暮らしていくために、自分の欲求を「腹八分」に抑え、そこで生まれた「二分《にぶ》のゆとり」を他に向ける暮らしを心がけたいものです。

例えば、後から来る人のために入り口のドアを開けて待っておく。これは、先を急ぎたい気持ちを少し抑え、そこで生まれた「時間のゆとり」を他に推《お》し譲る提案です。あるいは、少しだけ節約をして、そこで生まれた「お金のゆとり」を親孝行や地域社会のために使ってみるのです。

慌《あわ》ただしい日常生活の中では、〝自分さえよければ……〟〝私が先でなければ……〟という自分優先の気持ちになりがちです。自分の力以上のことを求め続けると欲望が肥大し、やがて人間関係や人生にまで変調をきたす危険があるようです。

そうならないために必要なのが「感謝の心」です。自分が成し遂げたと思ってしまうことも、よくよく考えてみれば、誰かの支えなしには成り得ることなど一つもないのです。

蛇口をひねれば水が出ること、時間どおりに電車が来ること、仕事が予定どおり順調に消化できること。何気ない日常の裏には、目に見えない多くの人々や先人の努力や支えがあるものです。〝自分は多くのおかげで生かされている〟という自覚が、感謝の心を生みます。感謝の心は、周りの人や物事を優しく包み込み、心にゆとりを生み出すのです。私たちの心に、「二分のゆとり」はあるでしょうか。

人間力を高めるワンステップ

✦ 今日一日の「おかげ」を振り返ってみましょう

✦ 二分のゆとりをつくるためにやめられることは何かを考えてみましょう

人生の速度を落とす

気づく力

高速道路上で車を運転しているとき、インターチェンジの合流地点で、スッとわきから進入してくる車にヒヤリとした経験はないでしょうか。

車の速度が上がれば上がるほど、ドライバーが認識できる視野は狭《せば》まります。人間は通常、立ち止まっている状態では周囲二百度の視野がありますが、時速四十キロだと半分の百度に、百キロではわずか四十度ほどの範囲に狭まります。前方の物体の形や色がよく見えるのは、七十度ぐらいまでだといわれますから、高速道路で前方ばかり凝視していると、周囲の車の動きや標識を見落とすことが多くなるわけです。

私たちの思い込みの心は、高速道路を時速百キロで走っているときの状態に似ているようです。

「それはこうに決まっている」「自分は絶対に正しい」という一方的に偏《かたよ》った思いを強くすればするほど、あたかも高速道路で運転しているときのように心の視野が狭くなり、周りの状況がよく見えなくなるのです。

また、「木を見て森を見ず」「獣《けもの》を追う者は山を見ず」という言葉があります。前者は、一つのものだけを見ていると物事の全体像が見えなくなるという意味です。後者は、目の前のものだけに心を奪われてしまうと、大切なものを見失ってしまうという意味です。どちらも一部分だけにこだわっていると、全体を把握することができなくなることを戒《いまし》めた言葉です。

私たちも日常生活の中で、自分だけの見方・考え方にこだわって、自分本位の「思い込み」に陥っていることがあるのではないでしょうか。そのため、人や事物の実像が「視《み》れども見えず」になってしまっているのです。

人や物事を多面的に捉えるためには、時速百キロの生き方をゆるめ、ときに立ち止まって、「待てよ、こういう見方もできるかもしれない」と思いを巡らす「柔らかな心」が大切なのです。

人間力を高めるワンステップ

✦ 思い込みによって失敗したことはありますか

✦ そのとき、どのような捉え方をすれば失敗を回避できたでしょうか

気づく力

足もとから正していく

禅寺《ぜんでら》の玄関に「看脚下《かんきゃっか》」という言葉が掲《かか》げられていることがあります。その心は、「履《は》物《もの》をきちんとそろえましょう」といったところでしょうか。

「看脚下」という言葉、それ自体は「脚下を看《み》よ」、つまり「足もとを見よ」という意味です。深く解釈すると、「自分の足もとからあらためていこう」、すなわち「まず自らの心を正していこう」ということになるのではないでしょうか。

この「看脚下」について、次のような話が伝わっています。

今から約九百年前の中国で、法演《ほうえん》というお坊さんが、闇夜に三人の弟子を連れて歩いていました。そのとき突然、提灯《ちょうちん》の灯《あか》りが消えて辺《あた》りは真っ暗になり、一行は立ち往生しました。そこで法演は、三人の弟子に向かって質問をします。

「暗闇を歩くには灯りが必要だが、今、その灯りがなくなってしまった。おまえたちは今、何を悟ったか」

弟子たちは三人三様の答えを出し、その中の一人が「看脚下です」と答えました。すると、法演は「そのとおりだ」と言って、賞賛しました。

暗闇の中での「足もとを見よ」という言葉。それは、どのようなときでも冷静に「今、自分はどのような場所に立っているのか」を知ることの大切さを、私たちに教えてくれているのではないでしょうか。

私たちは何か物事を行うときも、自分の立場や周囲の状況を謙虚に見つめ、まず自分の足もとから正していかなければならないということです。

物事は、〝自らなすべきこと〟を少しずつひたむきに行うことによって、成就《じょうじゅ》するものでしょう。また、そのような姿勢が、共に歩む仲間や周辺の人々の共感を呼び、皆で一つのことを成し遂げるエネルギーを生み出していくのではないでしょうか。

人間力を高めるワンステップ

✦ 生活の中に心を整える習慣や動作を持っていますか

✦ 今、置かれている立場で〝自らなすべきこと〟を考えてみましょう

「大きな希望」と「小さな希望」

気づく力

度重《たびかさ》なる苦難にも屈することなく、大事業を成し遂げた、江戸時代に活躍した盲目の国学者・塙《はなわ》保《ほ》己《き》一《いち》（一七四六〜一八二一）。歴史に名を残す偉業を成し遂げたことは間違いありませんが、その生涯は、単に「私たちの人生とはかけ離れた偉人の物語」と受け止めるべきものではないでしょう。

幼《おさな》いころに病気で視力を失った保己一は、並外れた努力と才能を発揮して学問を深めました。あるとき、古い時代の貴重な記録や文学作品が散逸《さんいつ》していく実態を憂《うれ》いた保己一は、これらの書物を収集し、必要とする人がいつでも手に取ることができるように整理・分類して出版しようと考えました。これが今でも歴史研究等に活用されている『群書類《ぐんしょるい》従《じゅう》』で、刊行の決意から四十年の歳月をかけて完成させたのです。

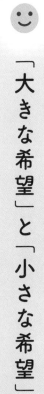

ここで学びたいことは、保己一が心に抱いた希望というものの持つ力です。

まず、保己一が努力を続けることができたのは、学問への情熱や「先人たちが築き上げた文化の結晶である書物を後世に残していきたい」という志《こころざし》です。その「大きな希望」が心に力を生み、偉業を成し遂げるに至ったのでしょう。

一方、私たちは一生涯をかけて実現していくような「大きな希望」だけでなく、毎日の「小さな希望」にも目を向けていきたいものです。長い人生も、今という一瞬一瞬の積み重ねです。その今に「小さな希望」を見いだし、これを大切にしていくという考え方です。そう心がけると、私たちの人生はいつでもどこでも喜びを見いだすことができそうです。

例えば、家事や宿題などを一つでも片づけたら、その小さな達成感を大切に味わってみること。物事のマイナスの面ではなく、プラスの面を見るようにすること。自分や他人の短所ではなく、長所に目を向けていくこと。ときに直面する苦難にも、なんらかの意味を見いだして「自分が成長するための絶好の機会」として前向きに受け止めること……。

そうしたことを習慣づけていったなら、日々の暮らしは明るくなり、やがて人生そのものが希望に満ちていくのではないでしょうか。

人間力を高めるワンステップ

- 今日の「小さな達成」は
- 叶《かな》えたい希望や夢、なりたい姿などを言語化してみましょう

気づく力

幸せスイッチをオンにする

「幸せになりたいですか」と聞かれたら、ほとんどの方は「はい」と答えるでしょう。しかし、幸せになる方法について明確に答えられる人はほとんどいないのではないでしょうか。

何事も「こうであればいいのに」「私が、私が」といった自分中心の願望を追い求めすぎると、周囲の人たちと衝突したりして、かえってうまくいかないことが多いものです。「幸せ」についても、これを直接的に追い求めるより、一見遠回りのように見えても、自分自身の心の質を高めていくことが大切です。

客観的に見ると恵まれた境遇にありながら、どこか満たされない思いや不平・不満を抱いて毎日を過ごしている人もいます。一方で、経済的に豊かではなかったり病気を抱えていたりしても、イキイキと毎日を過ごしている人もいます。その違いはどこで生じるのでしょうか。

それは、日々の生活の中に隠れている「感謝の種」に気づくことができるかどうかです。人の脳は「ありがとう」を言った側も言われた側にも、愛に包まれた幸福感を感じる幸福物質が分泌されることが分かっています。

つまり、「感謝」が増えれば増えるほど、「幸せ」を感じる機会は多くなるのです。自分自身に与えられたものに感謝し、また人を思いやり、人に尽くそうとする心のはたらきが、私たちの心の中の「幸せスイッチ」をオンにする力にもなります。

小さな感謝の種を見つけてみること——。それは今、この瞬間からでもできる幸せになる方法ではないでしょうか。

人間力を高めるワンステップ

✦ 今日の「感謝の種」を見つけてみましょう

✦ 最近「ありがとう」と言われた側になりましたか

気づく力

心づかいにも癖がある

口癖や行動の癖のように、心づかいにも癖があります。

普段の生活の場である、職場や学校、地域社会の場面を思い浮かべてみましょう。何か問題が起きたとき、原因を自分以外に求めて他人を責めるか、まず相手や周囲を慮《おもんぱか》った言動ができるか、どちらの心がよくはたらいているでしょうか。

人間関係のトラブルの原因の多くは、自分中心の心から生まれる私たちの言動にあります。その心は「我《が》」、あるいは「利己心《りこしん》」ともいわれます。

江戸時代後期、疲弊《ひへい》した農村を数多く復興させた二宮尊徳《にのみやそんとく》（一七八七～一八五六）は「人間のする事が行き詰まったり失敗したりするのは、ことごとく『我』によって起る。『我』を去ればすらすらと行く。たとえば大風が高い木に突き当たれば怒号を発するが、高い木を取り去れば静かになるようなものである」（佐々井典比古《ささいのりひこ》訳『訳注 二宮先生語録〈下〉・報徳外記』一円融合会刊）と述べています。

私たちは日々、職場や家庭の中で自分の役割や責任を果たし、目的に向かって努力をしています。しかし、その努力の過程で、「自分こそが正しい」という過度のこだわり、つまり「我」が物事を見る視野を狭くし、正しい判断を下すことを難しくしています。結果、相手を責めたり、不平不満を訴えて憤慨《ふんがい》したりして、人間関係を損なってしまうことは少なくありません。

自分こそが正しいという「我」は、知らず知らずのうちに私たちの心の癖となります。しかし、物事が思うように運ばなかったり、思わぬ障害にぶつかったりしたときこそ、その原因が自分の心の中に潜む「我」にあるのではないかと、反省してみることが大切です。穏やかな心で相手を慮る心、相手の立場に立った思いやりの心を少しずつでもはたらかせることができれば、自分中心の「我」の心は少しずつ弱まっていきます。

人間力を高めるワンステップ

✦ 考え方の癖、心づかいの癖はありますか

✦ 「正しさ」で嫌《いや》な思いをしたりさせたりしてしまった経験はありますか

光り輝く
もうひとりのあなたに気づく

気づく力

私たち人間は一人ひとりがかけがえのない存在で、それぞれみな美しい輝きを持っています。それはいったいなんでしょうか。

「南無《なむ》の会」の会長を務めた松原泰道《まつばらたいどう》さん（一九〇七～二〇〇九）は、ある子供から「観音様もぼくたちと同じように両手を合わせていらっしゃるけれど、観音様は何を拝《おが》んでいらっしゃるの？」と、尋ねられたことがありました。

私たちは手を合わせて観音様に拝みます。観音様もまた、手を合わせて私たちに拝んでくださいます。私たちは、観音様に自分の苦しみや悩みを打ち明け、「どうか助けてください」とお願いします。松原さんは著書『観音経入門』（ノン・ブック）の中で、次のように述べています。

「観音さまも、『私が拝んでいる尊い人間よ、あなたは罪が多いとか、凡夫《ぼんぷ》だとか、いろんな苦しみを訴えるが、あなたの中にも、ピカッと光るものが私には見える。どうか、あなたの中のもうひとりのピカッと光るあなた自身に気づいて欲しい。わかってほしい。頼みますよ……』と手を合わせてくださるのです。（中略）『あなたの願いを叶《かな》えるのはあなた自身の心ですよ』と。そして、『あなた自身の中に私（観音）がいるのですよ』と」

私たちには、観音様に手を合わせて拝んでいただけるに値する輝くものがあるということです。しかもすべての人に宿っているというのです。なんと素晴らしいことでしょう。

こうした一人ひとりの輝きに気づくには、相手と心を通わせ合うことが必要でしょう。心が触《ふ》れ合うには、その人に関わらなければなりません。温かい関心を持って声をかけ、相手の言葉に耳を傾けることです。相手と関わった分だけ、その人と心の交流が生まれます。そして、相手のよさを見いだすとともに、私たちが出会った一人ひとりに、「許す心」「補う心」「学ぶ心」で接していきたいものです。そうすれば、本当の心と心の触れ合いを築くことができ、一人ひとりが秘めている輝きを実感できるのではないでしょうか。

人間力を高めるワンステップ

✦ 自分の中にある「輝くもの」は何かを考えてみましょう

✦ 身近にいる人の「輝くもの」も探してみましょう

深める力

魅力的な人の心は

魅力的な人というと、どのような人を思い浮かべるでしょうか。口角《こうかく》が上がっていて笑顔のすてきな人、身だしなみに品《ひん》がある人、いつもイキイキと活発な人など、人は目に見える魅力に引き付けられることが多いものです。では、内面が魅力的な人とはどのような人でしょうか。

私たちは、忙しいときや自分の心に余裕がないときに誰かから優しい言葉をかけられても、なかなか相手に心が向かないものです。すると、返す言葉に心がこもらず、相手もよい気持ちがしません。また、自分自身の胸の内にも、どこかスッキリしない思いが残ってしまいます。

「自分のことで精いっぱい」という忙しい日々の中でこそ、ひと呼吸置いて「どうしたら相手は喜び、安心し、満足するだろうか」と考えてみましょう。相手の表情を見るだけでなく心を見るつもりで、また、音としての言葉ではなく心の声を聞くつもりで、自分の心を相手の心に寄り添わせてみるのです。すると、相手の話がより身近なものとなって、自分の心に届き始めます。

また、相手が何を考えているのか、どのような気持ちでいるのか、何を必要としているのかなど、その人の考え方や感じ方に心を寄せることは、思いやりの第一歩であるといえます。

そうした心づかいは言葉や動作にも影響を与えるため、相手にも自然と伝わり、その心の扉を開く鍵になります。そこで互いの心が通い合い、相手と円滑なコミュニケーションがとれると、私たちの心には安心が生まれることでしょう。

何より、こうした心づかいを習慣づけていくことは、私たちを内側からも魅力的な人間へと成長させてくれるはずです。

人間力を高めるワンステップ

✦ 人と接するときに大切にしていることはなんですか

✦ 言われてうれしかった言葉やうれしかった気配りを思い出してみましょう

柔らかに受け止める

深める力

私たちの心は、物事の受け止め方で大きく変わります。

奈良県にある薬師寺《やくしじ》で録事《ろくじ》を務める小林澤應《こばやしたくおう》さんは、あるとき修学旅行で訪れた中学生に青空説法を行いました。話が終わり、生徒たちが別の場所へ移動する中、小林さんは一人の男子生徒が少し離れた所に立っているのに気づきました。

目が合った瞬間、その生徒は五円玉を小林さんに向けて投げつけました。五円玉が小林さんの前に落ちると、その生徒は小林さんに向かって合掌《がっしょう》し、笑いながら礼拝《らいはい》しました。その行動に小林さんは〝悪ふざけをして、なんて失礼な子だ〟と思い、一瞬、侮辱《ぶじょく》されたような気持ちになりました。そこで、「せっかくですが、このお金はお堂の中のお賽銭箱に納めてください」と伝え、五円玉を拾って渡しました。

すると、その生徒は「ああ、そうですか」と言って、走り去って行きました。

その夜、小林さんが静かにその日を振り返っていると、ある思いが浮かんできました。

「もしかすると、あの生徒が自分に向けてお金を投げたのは、仏との〝ご縁〟に感謝して、〝五円〟を投げたのではないだろうか。生徒に悪ふざけや自分を侮辱する気持ちなどなく、彼なりの感謝の気持ちを表す方法が分からなくて、あのような突飛《とっぴ》な行動になったのではないだろうか。もしあのとき、そのことがすぐに理解できていれば、『ありがとう。私からご本尊にお供えしておきます』と言えたのではないだろうか。それなのに、不快感を覚えてしまった自分の心は、なんと固く狭いのだろうか……」

小林さんは、「私はあの生徒の行為を通じ、私自身の狭い心に気づかせてもらいました。仏の心の種まきをしているつもりが、逆に私が生徒から教えを受けたのです」と言います。

私たちは自らの解釈と判断によって、人や出来事を評価しています。しかし、相手が正しいか間違っているかが問題となるのではなく、自分の受け止め方が重要な場合がありま す。たとえ出来事に不快を感じたり、苦しく困難な問題であっても、その受け止め方を柔軟に変えることで、自分の心を磨く絶好の機会にできます。

人間力を高めるワンステップ

✦ 後輩や年下の人から教えられたことはありますか

✦ 柔軟な受け止め方をするのに工夫できることを考えてみましょう

深める力

「苦手」はどこから生まれてくるか

苦手——、そこには、私たちがその物事に対して抱く嫌《いや》な感情、疎《うと》ましく思う気持ち、不快感などが見え隠れします。

その感情は、どこから生まれてくるのでしょうか。それは行き着くところ、自分自身の考え方や感じ方、またはいっときの気分や機嫌などから生まれていることが多いのではないでしょうか。つまり、私たちが苦手と感じる物事そのものが「絶対的に悪いものだ」と言い切れることは案外少ないのではないか、ということです。

次のようなたとえ話があります。

「蛙《かえる》を好きな人と嫌いな人がいますが、嫌いな人は『蛙』と聞いただけで、嫌な気持ちになるでしょう。（中略）人間は、個人個人によって蛙に対しての好き嫌いの差が激しく、その違いの幅は極めて大きいのです。人間の好き嫌いは、人物、事物、事柄、言葉など、すべてのことに及んでいます。

蛇《へび》は、本能に左右されているので、蛙に対する好き嫌いを自分の意志で変えることはできません。人間は、蛙に対する好悪《こうお》をいつでもコントロールできます。つまり、蛙が嫌いな人でも好きになることができます。例えば、蛙が好きな友だちを持ったとします。すると、その人に会うといつも蛙の話ばかりするので、だんだん慣れてきて、蛙を好きになっていく場合もあるでしょう」（望月幸義《もちづきゆきよし》著『「考え方」を変える』モラロジー道徳教育財団刊）

もちろん、蛙を苦手な人が実際に蛙を好きになることは、それほど簡単なことではないでしょう。しかし「苦手という感情は、自分自身がつくり出すものである」という認識は、避けがたい「苦手」との向き合い方を考える上で、一つの参考になるのではないでしょうか。

人間力を高めるワンステップ

✴ 向き合いたい「苦手」はありますか

✴ どんなところが苦手なのか感情や思考を客観的に整理してみましょう

幸せのメカニズム

幸せのメカニズムを科学的に解明する「幸福学」の第一人者である慶應義塾大学大学院教授の前野《まえの》隆司《たかし》さんは、日本人千五百人のアンケート調査から、「これを満たせば幸福感が得られる」という四つの要素を導き出しました。

①「やってみよう」因子（自己実現と成長）
②「ありがとう」因子（つながりと感謝）
③「なんとかなる」因子（前向きと楽観）
④「ありのままに」因子（独立とマイペース）

幸福感が高い人ほど、この四つの心をバランスよくはたらかせていると前野さんは言います。さらに、四つの要素すべてを完璧に満たさなくても、まずは物事を肯定的に捉えるように意識することから始めればいいと提案しています。

四つの要素のうち、「ありがとう」について考えるとき、忘れてはならないのは「私たちは、人や社会とのつながりの中で生きている」という事実への感謝です。

例えば、衣・食・住を支える社会基盤がなくなったとしたら、私たちは「普通の生活」を営《いとな》むことができるでしょうか。

私たちは「快適さ」や「便利さ」にはすぐに慣れてしまい、ついそれを当たり前のことのように思いがちです。水道の蛇口をひねると、いつでも水が出てきて当たり前。電灯のスイッチを入れれば、灯《あか》りがついて当たり前。買い物に出かければ、簡単に食料を入手できて当たり前。そうした生活の背後にある「支えてくれている人たち」の存在を、普段はあまり意識することがありません。

幸福感を高めるために、まずは一番身近で自分を支えてくれている存在について思いを巡らせてみてはいかがでしょうか。

人間力を高めるワンステップ

✦ 四つの幸せ因子で「これならできそう」なものはどれですか
✦ いつも支えてくれている人を思い浮かべてみましょう

人間としての一流

深める力

私たちは、知識や学歴を何か絶対的な価値があるもののように思いがちではないでしょうか。ともすると、人間としての価値を決定するものであるかのように錯覚していることがあります。

松下政経塾の塾頭を十年間務め、現在は志《こころざし》ネットワークを創設して「青年塾」を開いている上甲晃《じょうこうあきら》さんは、学歴と人間の価値について、次のように述べています。

「たとえ一流の大学を卒業していても、『自分さえよければ』という、自己中心的な考えの人は、人間としては三流です。人間としての一流は、たとえ学歴がなくても、周りの人のことを常に自分のことのように考えられる心を持つことだと思います。（中略）どれほど知的に優《すぐ》れていても、いわゆる一流大学を出ていても、自分の損得しか考えられない人は三流の人間だと思います。私は、みんなの得のためには、自分は多少損してもいいから一番困難なことを『私にやらせてください』と言って手を挙げられるのが、人間としての

一流の姿ではないかと思いました」（生涯学習ブックレット『人間として一流をめざす』モラロジー道徳教育財団刊）

知識というのは、それ自体に価値はありません。知識をなんのために、どのように生かしていくのかが重要なのです。そのことを学ぶのが学ぶ意味であり、学ぶ目的なのではないでしょうか。

学びは社会人になってからも続きます。社会人として新たなスキルを学び、取得することは自身のためにも社会のためにも必要です。しかし、それだけで仕事がうまくいき、幸せになれるわけではありません。

スキルを活《い》かしてよりよい仕事をするためには、その土台となる、人としてどう生きるかという心磨きを怠《おこた》ってはいけません。

人間力を高めるワンステップ

✦ 人として一番大事だと思うものはなんですか

✦ 今の自分からワンステップ上の一流になるには何が必要でしょう

「違い」との出合いを成長の機会に

深める力

立場や境遇が異なると、考え方にも違いが生まれてきます。価値観も生活習慣もそれぞれに異なる人たちが一緒に過ごせば、衝突も対立も起こるでしょう。「違い」を超えて、皆が安心して暮らせる社会を築くためには、一人ひとりにどのような心がけが必要でしょうか。

「自分は外国の人たちと親しく接する機会がない」という場合でも、「違い」に触《ふ》れる機会は、日常の中にたくさんあるのではないでしょうか。「みんな同じ」ということは、日本人同士の間でも当たり前ではないからです。

自分と異なる価値観を持つ人に出会ったとき、やみくもに相手を否定するという態度は決してよい結果を生みません。また、うわべだけ相手に合わせたとしても、自分自身の心の中にわだかまりがあると、人間関係がぎくしゃくしてしまうでしょう。

とはいえ、「衝突を避けたいから、深く関わらないようにする」という態度を貫くのも寂しいことです。

忘れてはならないのは、自分を大切にするのと同じように相手のことも尊重して、真摯《しんし》に向き合おうとする姿勢です。そのためにも、まずはお互いの考えを冷静に話し合い、「違い」は「違い」として、そのまま受け止めることが大切ではないでしょうか。

衝突や対立が生じた場合も、相手の立場に立って物事を捉え直すと、相手の思いがよく理解できることがあります。また、第三者の立場で事態を見つめてみると、より広い視野を持って解決の糸口を探すことができるでしょう。少なくとも、自分の「相手に対する見方」が変われば、自分自身の心が穏やかになっていくはずです。

それは問題を円満に解決し、よりよい人間関係を結ぶためというだけではありません。自分自身の物の見方や考え方を広げ、人間的に成長していくためにも違いを受け止めることは大切なのです。

人間力を高めるワンステップ

✦考え方の違う人と一緒になったとき、どんな接し方をしていますか
✦人間関係を築いていく上で気をつけていることはなんですか

深める力

自分も大切、相手も大切

臨床心理士の武《む》藤《とう》清《せい》栄《えい》さん（東京メンタルヘルス㈱所長）は、自分の気持ちをしっかりと伝えながら円満な人間関係を築くことのコミュニケーションのあり方について、著書『なぜ、あなたの話は伝わらないのか』（大和書房刊）の中で、次のように述べています。

「コミュニケーションでは『自己理解』というのがたいへん重要になります。相手の話を聴くためには、まず自分の気持ちや感情に気づく必要があります。

しかし現実には、自分の本当の気持ちをかくして対応してしまう場合があります。こうなると、気持ち（態度）と言葉がバラバラになります。

たとえば、『怒ってないよ！』と言いつつも怒鳴るとか、『ぜんぜん気にしてないから』と言葉では言ってもふくれっ面をしているような表現になります。気持ち（態度）と言葉に矛盾が生じるのです」

気持ちと言葉を一致させて本音を伝えることが大切といっても、「この言葉を受けた相手はどのように感じるか」という点もよく考えて、配慮のある伝え方をしていく必要があります。「自分の気持ちを大切にしてよい」ということは、同時に「相手の気持ちも大切にすべきものである」ということでしょう。自分のことと同じように相手のことも尊重しながら、お互いに相手への理解を深めていった先に、心豊かな人間関係が築かれていくのです。

相手のことも尊重しながら「自分自身の率直な気持ち」をさわやかに伝えるポイントとしては、まず「私は」という言葉を主語にして話をすることが挙げられます。「あなたは」を主語にした場合、「あなたはいつも～だ」というように、否定的・攻撃的な口調になりがちですが、「私はこう思います（こう感じています）」「私は～に困っています」といった言い方に変えてみると、自分の気持ちを穏やかに表現できるのではないでしょうか。

また「～だとうれしいです」といった肯定的な表現や、「～であればできます」といった前向きな提案があれば、相手もこちらの主張をより受け止めやすくなるでしょう。

人間力を高めるワンステップ

✦相手に配慮して、自分の本当の気持ちを隠したことはありますか

✦身近にいる、率直なのにさわやかな人の特徴を探してみましょう

深める力

仕事で得られる喜び

働いた対価として報酬をもらうのは当たり前のことですが、仕事の報酬は給料だけなのでしょうか。仕事によって得られる喜びには、次の三つがあると考えられます。

①能力を発揮することができる（自分の成長を実感できる）
②他人や社会の役に立つことができる（社会に貢献している）
③報酬を得ることができる（生活のための十分な収入がある）

これら三つが重なり合うところに人は喜びを感じます。そこでは報酬を得るという物質的な満足だけではなく、一生懸命仕事に取り組んだという達成感や、その結果を他の人から認められたことなどによる精神的な満足も大きな部分を占めています。そのため、まったく同じ仕事をしたとしても、そこで味わう喜びの大きさは人によって異なるのです。

ビジネスの世界で昔から語られている「三人の石工《せっこう》」という話があります。

ある旅人が、建築現場で働く三人の石工に「今、何をしているのか」と尋ねると、一人目の石工は「親方から言われて石を切っている」と答えました。二人目の石工は「家族を養うために城壁の石を切っている」と、三人目の石工は「この地域で一番立派な城壁をつくるために石を切っている」と答えました。

この話が問いかけているのは、どのような気持ちで仕事に取り組むかということです。たとえ不本意と思っている仕事でさえ、仕事の目的をどのように理解するかで、仕事に対する意識は変わります。

また、自分が仕事に心を込めた分だけ、その努力が実ったときには大きな喜びを感じられるはずです。

人間力を高めるワンステップ

✦ あなたの気持ちはどの石工に近いですか
✦ 日々、どれほど心を込めて仕事をしているでしょうか

「できる人」より「できた人」

活かす力

東京大学総長を務めた向坊隆《むかいぼうたかし》さん（一九一七〜二〇〇二）は、かつて入学式で次のように述べました。

「世間では、よく〝あの人はよくできる人だ〟とか〝よくできた人だ〟とか言います。できるとできたは、一字違いですが、どうか皆さん、できる人よりできた人になっていただきたい」

ここでいう「できる人」というのは、頭がよく、実行力があり、よく仕事のできる人のことです。一方、「できた人」というのは、人柄、つまり人間性の優《すぐ》れた人をいいます。

職場では、もちろん仕事もできて人柄もよいのが一番望ましいのですが、仕事だけができる人の中には、ややもすると高慢になりやすく、コミュニケーションもとりにくいため周囲から孤立するなど、人間関係がうまくいかない場合のあることを戒《いまし》めているのです。

私たちが社会の中で担《にな》う仕事の多くは、一人で完結するものはほとんどありません。多くの仲間が支えてくれて初めて成し遂げることができます。自分の仕事さえできればよいという考え方ではなく、小さなことでも周りの人に思いやりの心で接していく、相手の立場に立って考えてみる謙虚さを失わない、こうしたゆとりを持つことが、できた人になるための大切な条件のひとつといえるでしょう。

私たちは、喜びや達成感を感じながら楽しく仕事ができる職場、コミュニケーションをよくとれる明るい職場、そのような職場に憧れます。そうした職場は、誰かがつくってくれるものではなく、一人ひとりが心のゆとりを持ち、人から慕《した》われ愛される「できた人」をめざすことでつくりあげられていくのではないでしょうか。

一緒にいると優しい気持ちになる、一緒に仕事をすると楽しい、話をすると素直になれる、そう周囲の人から慕われる人柄を身につけたいものです。

人間力を高めるワンステップ

✦ 身近にいる「できた人」を思い浮かべてみましょう

✦ あなたが持っている「できた人」になるための資質はなんですか

何もしないという気配り

活かす力

他の人のためを思って頭や体を働かせる「気働き」は、人を支え、豊かな人間関係を築くもとになりますが、本当に相手の心に寄り添うことは難しいものです。

ときには、よかれと思ってしたことで相手を傷つけたり、不快な思いをさせたりしてしまうこともあるでしょう。そうした落とし穴に陥らないためには、どのような心がけが必要でしょうか。

日本最大のカレーチェーン「Co《コ》Co《コ》壱番屋」の創業者秘書を務めた中村由美《なかむらゆみ》さんは、気配りになっているかどうかは相手が判断するものだとして、次のように述べています。

「場合によっては、何かをしてあげるのではなく、何もしないという判断が正しいこともあります。上司が集中して脇目もふらずに仕事をしているときに、『忙しそうですね。手伝いましょうか』と声をかけるのが正しいのか、それとも黙って一杯のコーヒーを淹《い》れてあげたほうがいいのか。場合によっては、社内の緊急でない用事を上司に取り次ぎたいという人がいたときに、『恐縮ですが、一時間後にもう一度来ていただけますか』と、自分のところで保留にしておくほうが喜ばれることもあるでしょう。

その結果、相手がふと、妙に静かに仕事ができたな、とあなたの配慮に気づくことがあるかもしれないし、気づかないかもしれません。それでいいのです。上司が仕事をしやすい環境を整えることもまた『気配り』の一つです」(『「誰かのため」が、「自分のため」につながる』あさ出版刊)

「気働き」を真に生かすために大切なのは、自分のしたいことをしたいようにすることではありません。「相手がどのように感じるか」という点を深く考えることが、豊かな人間関係を築く「気働き」のポイントといえそうです。

人間力を高めるワンステップ

✦ 相手のためを思ってしたことが、受け入れられなかった経験はありますか

✦ 気働きの質を高める「相手目線」を試してみましょう

活かす力

思いやりでつながる

私たちは、誰もが「思いやり」や「感謝」の大切さを知っています。そして、誰もが人に親切にされたり、大切にされたり、感謝されると、うれしくなります。そのときの気持ちを「つながり」という視点から考えてみると、「思いやり」や「感謝」こそ、人と人との間にしっかりと「つながり」をつくりだすことのできるものといえるでしょう。

私たちは、バスや電車の中で高齢者や身障者などに席を譲ったり、道に迷ったりしている人に道を教えてあげるなど、自然と人に親切な行為をしています。

それは、ただ社会的に望ましい礼儀やエチケットという以上に、見知らぬ人との間にも「つながり」をつくっていくという意味で、とても大切なことではないでしょうか。そして挨拶と同じように、私たちの「つながり」を望む程度に応じて、思いやりや感謝の表現もさまざまに変化していくことでしょう。

私たちが高齢者や身障者に無関心なとき、言葉を換えれば「つながり」をつくろうとする気持ちがないときには、バスや電車の中でも決して気持ちよく席を譲ることができません。自分の受けている恩恵を当然のこととして受け取り、その与え手の存在やそのはたらきに無関心のとき、感謝の心は決して生まれません。私たちが家族をはじめ、他の人々と「つながり」をつくろうとする気持ちを失うとき、思いやりも親切も感謝も、そして愛そのものが、この世界から消え去ってしまうことでしょう。

席を譲ったり、道を教えたりと、私たちが日常行う「思いやり」や「感謝」の表現の形は、それほど大きなものとはいえません。しかし、私たちがその背後にある「人とつながりをつくろうとする心」の大切さについて理解を深めていくとき、実はその心こそ、私たちの人生を豊かにしていくものだと気づくことができるでしょう。「思いやり」や「感謝」の心こそ、私たちを多くの人と結びつけ、日々の生活に多くの喜びや楽しさをもたらしてくれるのです。また、どんなに苦しいときやつらいときでも、私たちを孤独から守ってくれるのです。

人間力を高めるワンステップ

✦ 人と人がつながることで生まれるのはどんなことでしょう

✦ 信頼や愛情に基づいたつながりを大切にしていますか

活かす力

誰にもあるまごころ

私たちは日々、心の中に芽生える温かい思いや優しい気持ちを、暮らしの中でどれだけ生かすことができているでしょうか。

まずは、自分自身の生活を振り返ってみましょう。そこには必ず誰かの「まごころ」が存在するはずです。自分を生み育ててくれた親祖先や、お世話になった先生や先輩、親しい友人や近所の人たちなど。

また、一度だけ会った人から受けた「小さな親切」まで数え上げればきりがありません。まごころを受け取っていることに気づけたら、次は感謝とともに心の中に芽生える温かい思いや優しい気持ちを大きく育て、自分自身も積極的に行動に表すように努めたいものです。

もちろん、お世話になった相手に対して直接的に恩を返すのも大切なことです。しかし祖先をはじめ、遠い時代の先人たち、また、見知らぬ多くの人たちから受けた「恩」まで考えると、到底すべてを返しきれるものではありません。

ですから、自分に注がれた「まごころ」に感謝の気持ちを抱いたなら、新たな人間関係の中で、自分も同じように「まごころ」を生かしていくという考え方が大切なのではないでしょうか。

とはいえ、なんとなく生きていると自分のことで手いっぱいになってしまい、人に優しくする余裕は生まれません。誰かの「思いやりのあるひと言」に触《ふ》れてありがたく思ったなら、自分も周囲の人たちに温かい言葉をかける。誰かの手助けを受けて救われた気持ちになったなら、自分も「困っている人の力になれたら」という気持ちで周囲を見渡してみる。このように、意識的にまごころを行動に移してみましょう。

人間力を高めるワンステップ

✦ 胸にジーンときた「まごころ」はありますか
✦ 困っている人がいるけれど一歩が踏み出せない。あなたならどうしますか

「譲る心」が喜びを生む

活かす力

私たちは、多くの人との関わり合いの中で生きています。そこでは、お互いの思いや利害が衝突することもあります。そうしたトラブルを乗り越えて、お互いに気持ちよく暮らしていくためには、どのような心がけが必要でしょうか。

私たちは、誰も一人で生きていくことはできません。家庭や学校、職場、さらには地域社会や国というように、広く、多くの人たちとのつながりの中で生きているのです。

そのつながりをより円満なものにしていくために、先人たちは多くの知恵を蓄積してきました。それらが法律になったり、明文化《めいぶんか》されないまでも、ルールやマナー、社会のモラルとなり、私たちの生活の中に息づいてきたのでしょう。「譲る」という心がけも、そうした知恵の一つであるように思います。

「われ先に」「自分が、自分が」というふうに考えているとき、私たちは「心のゆとり」をなくして、周囲の人たちのことにまで考えが及ばなくなります。そのような狭い考え方で誰かを苦しめたり迷惑をかけたりするようでは、人間関係を損なうなどして、いずれは自分自身もなんらかの形で不利益を被《こうむ》ることになるでしょう。

私たちが安心な暮らしを送っていくためには、一人ひとりの心づかいと行いが重要です。どんなときも、広く柔らかな心で周囲を思いやることができる「譲る心」を持つ人は、周囲の人たちに安心と喜びをもたらすことができるのではないでしょうか。

すると人間関係がよりよいものになっていき、自分自身が心に感じる安心と喜びも、ますます増えていくことでしょう。

人間力を高めるワンステップ

✦ 人間関係のトラブルで頭を悩ませた経験はありますか

✦ その失敗を踏まえて、どうすれば「譲る心」を持つことができるか考えてみましょう

平凡な毎日にも感謝の種を

活かす力

曹洞宗《そうとうしゅう》大本山「永平寺《えいへいじ》」の貫首《かんしゅ》を務めた森田悟由禅師《もりたごゆうぜんじ》（一八三四〜一九一五）の小僧時代に、次のような逸話が残っています。

ある朝、いつものように暁鐘《ぎょうしょう》の音に耳を傾けていた和尚《おしょう》は、鐘が終わるや侍者に命じて鐘撞役《かねつきやく》の新参の小僧（後の森田禅師）を自室に呼ばせました。間もなく、部屋に出頭した小僧に和尚は「今朝の鐘は、いかなる心得でついたのか」と尋ねました。

すると小僧は「別にこれという考えもなく、ただ鐘をついただけでございます」と答えたので、「いや、そうではあるまい。何か心に覚悟するものがあったであろう。同じ鐘をつくのなら、今朝のようにつくがよい。誠に尊い響きであった」と和尚は小僧を褒《ほ》めました。

小僧は、「別に覚悟というほどでもございませんが、郷里の師匠が、何事をなすにも仏に仕える心を忘れてはならん。たとえ鐘をつくときにも鐘を仏と心得てつくのだ、と常々教えてくださいましたので、一拝しては第一鐘をつき、二拝しては第二鐘をついたばかりでございます」と答えました。

和尚はその覚悟を褒め、「そのように教えられる師匠も優《すぐ》れた方であるが、それを言われたとおりに守るおまえさんも感心じゃ。終生、その覚悟を忘れるのではないぞ」と励ましたそうです。

毎朝の日課として、当たり前のようにつく鐘。しかし、その一回一回に心を込めて鐘をつくことで和尚を感動させ、さらに続けることが小僧自身の心を成長させ、やがて永平寺の貫首を務めるほどになりました。

習慣や日課など、私たちは意識せずとも行動していることが数多くあります。成長する人は、その代わり映《ば》えのない毎日の中にも感謝の種を見いだし育てているのです。

いつも、何物にも感謝するという心がけは、きっと私たちの日々の生活に潤《うるお》いと温かさを与えてくれ、人生さえも大きく変えていくはずです。

人間力を高めるワンステップ

✦ 自分のため、周りのため毎日コツコツ続けていることはありますか

✦ 当たり前のように行っている日課の心模様を観察してみましょう

受け取りやすいボール

活かす力

私たちは日々、さまざまな人間関係の中で生きています。メールに電話、会議に打ち合わせ……。一日の大半の時間が「自分以外の誰か」とのコミュニケーションに費やされているという人も少なくありません。

コミュニケーションとは、お互いにメッセージや情報を交換しながら、意思の疎通を図ることです。それはよく「キャッチボール」にたとえられ、お互いが相手の状況を見ながら、相手が受け取りやすいボールを投げることが基本とされます。

ところが、メールや手紙、電話などは相手が直接に見えません。そうした相手と上手に「キャッチボール」するためには、必ず相手の状況や立場を察する配慮や温かな心配りが必要になってきます。その心配りが相手の安心感や信頼感を生み、よりよいコミュニケーションが広がっていくのです。

例えば、メールは文字が無機質なため、自筆の手紙と比べても素っ気ないものです。それだけに、相手に負の感情や誤解を抱かせないように言葉づかいに気をつかい、文章の調子を和《やわ》らげる。手紙の場合は美しい文字で丁寧に書くことを心がけたり、ちょっとセンスのある便箋《びんせん》や封筒を選んでみたりする。電話ではまず相手の都合を確かめてから用件を伝える。そして、相手が不愉快にならないように静かに電話を切る。

このような一つひとつの心配りが「受け取りやすいボール」であり、相手に対する思いやりや愛情の表れといえるのではないでしょうか。

人間力を高めるワンステップ

✦ コミュニケーションを円滑にするために心がけていることはありますか

✦「受け取りやすいボール」を投げるときに気をつけることはなんでしょうか

活かす力

注意に込める「思いやり」

私たちの言葉は、私たちが思う以上に自分や周囲に大きな影響を与えています。

誰もが「冷たい言葉」よりは、思いやりに満ちた「温かい言葉」を求めています。どちらの言葉も、口にする私たち自身の心から生まれるものです。思いやりのひと言を生むのは、やはり思いやりに満ちた心でしょう。

思いやりは「甘やかし」とは異なります。例えば、幼《おさな》いわが子がよりよく育っていくことを願えばこそ、褒《ほ》めるばかりではなく、悪いことをしたときには厳しく叱ることもあるでしょう。その根底にあるのは「子供を思いやる心」であるといえます。

他人に対して「忠告」や「注意」の言葉をかける場合にも同じことがいえるでしょう。

例えば、誰かの失敗や短所を目にしたときは、本人だけにそっと伝えるというのも思いやりの心の表れです。またその際も、非難・攻撃のようにして強い言葉で訴えるのではなく、相手の心を傷つけないよう、相手の立場を思いやった言葉がけを考えていく必要があります。

「思いやり」の手がかりは、相手と自分の立場を交換して考えてみることです。「もし自分が失敗をして落ち込んでいるときに、こんなふうに言われたとしたら……」などと想像してみると、現在の相手の立場やその心情も、冷静に見つめることができるのではないでしょうか。

何より、他人の失敗や欠点を正そうとするときの私たちの心には、往々《おうおう》にして自分は正しくて相手は間違っているという考えが潜んでいる点にも注意が必要です。正義感で相手を打とうとするのではなく、相手の幸せを祈る思いやりの心を持って謙虚に伝えてこそ、相手の心も開かれていくのです。

人間力を高めるワンステップ

✦相手の立場に立ち、思いやった言葉がけをしていますか
✦素直に受け入れられなかった「忠告」や「注意」はありますか

活かす力

魅力的な人をめざして

魅力的な人というと、あなたはどのような人を思い浮かべるでしょうか。

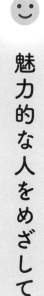

「徳は孤《こ》ならず、必ず隣あり」（『論語』）という孔子《こうし》の言葉があります。これは、徳のある人は孤立することがなく、理解し助力する人が必ず現れるという意味です。より広く解釈すると、豊かな徳を身につけた品性の高い人に、寂しいとか孤独ということはなく、必ずそうした魅力ある人のところには、地位、財産に関係なく、親密な人間関係が生まれ、年齢を重ねてもますます賑やかな楽しい、生きがいに満ちた生活がもたらされます、と解釈することができるでしょう。

品性の高い人とは、物やお金以上に人間を大切にし、尊重していく心を持つ人。学力や地位、財産や権力を、人の幸せや喜びのために建設的に役立てようとする心を持つ人。そして、いつも自分は多くの人によって支えられて生きていることに気づき、感謝し、常に自分の未熟さを忘れず、一歩ずつでも常に人間として向上したいと考えている人のことではないでしょうか。そのような心の持ち方や生き方が人間としての魅力を生み出す源泉となるのです。

人としての魅力を高めていくことに、特別な場所や厳しい練習は必要ありません。家庭では夫婦や親子の日常のコミュニケーションを通じて、また、会社や学校での人と人との関わりを通じて、地域の交流を通じて、触《ふ》れ合う一人ひとりを大切にし、日常の中で思いやりの心を実践する時間を持つことです。

そうした生き方の積み重ねが私たちの品性を高め、いわゆる徳となり、人としての魅力へとつながっていくのです。

人間力を高めるワンステップ

✦ 身近にいる「品性の高い人」にはどのような魅力がありますか

✦ 日常の中でどんな思いやりや親切を心がけていますか

活かす力

教え合い、助け合い、いたわり合う

必要とするものは素早く、簡単・便利に利用できるようになった反面、社会のスピードに追われている現代。精神的なゆとりを失ったり、人と人との結びつきが希薄《きはく》になったりして、他人に思いを巡らすことが少なくなっています。

かつての日本には、人がお互いに支え合い、心地よく生きるための知恵を高度に発達させた社会がありました。それは、二百六十年以上続いた江戸時代です。

最盛期の江戸には百万人以上が住み、当時、世界のどの大都市よりも規模の大きな人口過密都市でした。その人口の半分を占める商人たちが、狭い場所での暮らしをできるだけ心地よいものとするため、また、さまざまな相手と円滑に商売をするために築き上げたのが、「江戸しぐさ」と呼ばれる暮らしの知恵でした。

代表的な江戸しぐさは、雨の日にすれ違う際、相手に雨のしずくがかからないように傘を人のいないほうに傾ける「傘かしげ」や、人混みなどで足を踏まれた際に、足を踏んだ側だけでなく、踏まれた側も不注意を詫《わ》びて相手を気づかう「うかつあやまり」など、その数は八千種以上です。その中には、後から乗ってきた舟客のために、腰を少し浮かせて空席をつくる「こぶし腰浮かせ」という知恵もありました。いずれも、互いが少し心を配るだけで双方が心地よくなれる、そんなしぐさばかりです。

そして、最も下品とされたのは、弱い立場の人に威張ることだったといいます。

この江戸しぐさの伝承活動に取り組む越川禮子《こしかわれいこ》さんは、「傘かしげ」「こぶし腰浮かせ」はその初歩的なもので、江戸しぐさは生活のすべてにあてはまるといいます。その根底には「人はみな仏や先祖に見守られて生きている。だから、お互いに教え合い、助け合い、いたわり合うのが当然」という考えがあるというのです。この〝他を思いやる心〟が現代には足りないのではないかと越川さんは語ります。

人間力を高めるワンステップ

✦人と人との結びつきが希薄になったと実感する出来事はありますか

✦気持ちのよい関係を築くエチケット、どんなものがあるでしょうか

活かす力

いい人生をつくるコツ

いい人生を送りたいとは、誰もが望むことでしょう。

このことに関して、会社を「全社員が嬉々《きき》として出社する人生道場」とすべく、人づくり第一の経営に取り組む医薬部外品製造企業・㈱タニサケの会長である松岡浩《まつおかひろし》さんは、次のように述べています。

「『いい生活』とは、ブランド品で着飾り、豪邸に住み、高級車に乗る、いうなれば利己《りこ》の世界、自分だけの欲の世界、つまり『子どもの世界』です。

一方、『いい人生』とは、自分が犠牲を払って他人を喜ばせる生き方です。これは「大人の世界」です。

具体的に言うと、例えば何か会合が催されるという場合、必ず誰かが世話役として、会場の準備をするものです。そこで、自分もその会合に参加するのなら、定刻より先に行ってその世話役の方に『何かお手伝いすることはありませんか』と声をかける。イス並べでも資料の準備でも、何か一つでもいいからお役に立てるよう心がける。これが『大人』の生き方だと私は考えています。

反対に〝自分は参加してやっているのだから〟という思いが強く、世話役の段取りや進行のアラなどを探《さが》して、責《せ》め立ててばかりの人というのは、まだまだ子どもの世界にあると言えるのではないでしょうか。

こうした日常における場面、場面での、ちょっとした心のあり方、言動の差が、積もり積もって人生のよしあしを決定づけます。

とにかく、相手を喜ばせようという行動、これが『いい人生』をつくるコツです」（生涯学習ブックレット『喜びの生き方塾』モラロジー道徳教育財団刊）

犠牲を払うとは、決して損をすることではありません。周囲の人を喜ばせるようななんらかの努力をしていけば、周りの人が幸せになり、その幸せな人に囲まれている自分が巡り巡って幸せになるのです。まさに「情けは人のためならず」です。

人間力を高めるワンステップ

✦「いい生活」（子供の世界）に心のベクトルが向いている経験を思い出してみましょう

✦「いい人生」（大人の世界）を送るために、今からできることを考えてみましょう

活かす力

継続を力にした先人たち

人間の才能や能力には差があります。自分は恵まれていないと感じて、途端に気力が奪われてしまうこともあるでしょう。しかし、人間には等しく与えられた力があります。それは、才能や能力に恵まれていなくても、地位がなくても、夢を持ち、それを実現しようと努力を続けていく力です。

祖父の代からの職を継ぎ、宮大工の技を継承して薬師寺《やくしじ》という歴史的な建物を再建した西岡常一《にしおかつねかず》（一九〇八～一九九五）という人物がいます。

常一の祖父は、常一を三歳のころから仕事場に連れていき、容赦《ようしゃ》なく鍛《きた》えました。常一が学校に入るとき、祖父は両親の反対をよそに、工業学校ではなく農学校に入れます。周りはあ然としましたが、そこには遠い将来まで見通した深い考えがありました。土で瓦《かわら》や壁を作り、木で建物を建てる宮大工の仕事には、農業こそが欠かせない基礎だという信念を持っていたのです。

そのように育てられた常一は、やがて、火事になって焼け落ちた法隆寺《ほうりゅうじ》金堂《こんどう》を再建し、また、薬師寺元管主《かんす》・高田《たかだ》好胤《こういん》さん（一九二四〜一九九八）の悲願に応じて室町時代に戦火で失われた薬師寺金堂をも再建したのでした。まさに、代を継いで継続した努力が実った成果でしょう。

夢を持ち、目標を立ててそこに向かう努力を継続することは、時代を超えた価値を持つ大切な人間の営《いとな》みです。私たちは、そのこと自体が持つ意味をも次の世代に継承していきたいものです。

人間力を高めるワンステップ

✦ 努力を継続するために工夫できることはなんでしょうか

✦ 夢に向かい一日一歩の前進。今日はどのような「できた」がありましたか

器を広げるヒント

いのちとは

気づく力

　最近は、青少年が人を傷つけたり、また親が子供を虐待したりするという悲しいニュースであふれています。これは「いのちとはなんなのか」「生命はなぜ尊いのか」などについての基本的な問題が見過ごされているからといえるでしょう。

　いのちや生命に対する考え方が大きく揺らいできている今、病院の産婦人科で働く助産師が、「クローン技術などの生命科学に関するさまざまな情報が、一般の人々に〝いのちは医療でつくれるもの〟という意識を植え付けてしまったようです。そのことを憂慮《ゆうりょ》する医者は多いのです」と発言しています。

　また、「いのちがあることは決して当たり前のことではなく、むしろ奇跡的なことである」と訴えた筑波大学名誉教授で遺伝子学を専門とした村上和雄《むらかみかずお》さん（一九三六～二〇二一）は、子の誕生や生命の考え方に対して次のように述べています。

「私たちは『子供をつくる』と言います。しかし、それは少し傲慢《ごうまん》なことではないか、と私は思っています。なぜかといえば、私たちの力だけではカビ一つできないのです。それなのに人間の力だけで、赤ちゃんができるでしょうか。私たちが行っていることは、きっかけを与えて、あとは栄養を与えているだけなのです。（中略）私は今、日本人はそのことを忘れかけているのではないかと思っています。私たちは物質的にはたいへん恵まれています。しかし自分の命や他人の命、そして胎児の命、動物の命、植物の命は、私たちのつくったものではないということを、私たちはもう一度思い起こす必要があります」（生涯学習ブックレット『いのちの素晴らしさ』モラロジー道徳教育財団刊）と語りました。

子供が「できる」という考え方には、自分たちで「つくった」という、親の傲慢な気持ちが見え隠れしています。しかし「授かる」、さらに「預かる」という考え方には、神や大自然から受け取った大切なもの、という謙虚さが感じ取れます。

私たちはこういう視点を子育てをする原点として捉えていく必要があり、その中に今日《こんにち》のさまざまな教育問題、家庭問題を解決するヒントが隠されているのかもしれません。

人間力を高めるワンステップ

✦「いのちはなぜ大切なの？」という問いにどう答えますか
✦生まれてから今日までお世話になってきた方々を思い出してみましょう

子供は親の鏡

気づく力

「子供は親の後ろ姿を見て育つ」といわれます。子供は頭で覚えるというよりも、親の姿や生き方の中に自然と人間としての生き方を見いだし、それを自分のものにしていきます。親の姿、生き方が子供を教育していくように、親がテレビに夢中になっていたり、新聞や雑誌を読みっぱなしにしているのに「勉強しなさい」「後片づけをきちんとしなさい」などと言っても、子供は言うことを素直にきかないのではないでしょうか。

元東宮《とうぐう》侍従《じじゅう》の浜尾《はまお》実《みのる》さん（一九二五～二〇〇六）は子供の教育としつけについて、著書『子どものほめ方・叱り方』（ＰＨＰ研究所刊）の中で、次のように述べています。

「常に忘れてならないことは、『教育は耳からよりも、目から』という言葉です。つまり、一番大事なことは、『実践』ということです。私たちは親として、小さな子どもたちに、『こういうことをしてはいけませんよ』、『こういうことは恥ずかしいことですよ』、『あなたの義務としてするべきことですよ』というようなことを、たくさん教えてあげるべきなのです。子どもはまだ知らないからです。そこで、子どもからすれば、お母さんの言うことは耳から入っています。同時に目で見てもいます。『お母さんは、ああ言っているけれど、してはいないじゃないか』と思ったら、それは、よくないことです。そういう時は教育はゼロ、いやむしろマイナス、逆効果です。ですから、教育の一番難しいところは、まず教える親である私たちが、そのように実行しなければならないということです」

親は、子供が立派な社会人として育ってほしいと願い、食事での態度、公共でのマナーなどたくさんのことを教えます。しかし、もし親や大人自身がそれを守らなければ、子供も守らないばかりか、かえって親や大人を軽蔑《けいべつ》してしまうでしょう。子供の成長、人格形成は親によって与えられます。強く影響されることを考えて、親自身の姿勢を正していくことができれば、その教育やしつけはきっと実り多いものになることでしょう。

「子育ては親育て」ともいいます。親の鏡である子供の姿を見て、これでよいのか、これで間違っていないか、と親が気づいていくことも大事なことなのです。

人間力を高めるワンステップ

✦「教えていないのに似てしまった……」ドキッとしたことはありますか

✦親自身どのような姿勢を子供に見せていくことが大切でしょうか

心の匂い

気づく力

熊本県五和町《いつわまち》（当時）の教育委員長を務めた荒木忠夫《あらきただお》さんは、自分の幼少期、戦後間もないころを振り返って、父親について次のように語っています。

長く軍人生活を送った荒木さんの父親は子供たちに非常に厳しく、荒木さんの兄弟は、父親を前にするといつもピリピリしていたそうです。

荒木さんが中学二年生のときのことです。陸上大会の学校代表に選ばれた荒木さんは毎日練習をしていましたが、その足元はいつも裸足《はだし》でした。当時、荒木さんの家は貧しく、運動靴を買う余裕がなかったのです。

しかし、裸足で大会に出場するわけにもいかず、大会の三日前に運動靴を買ってほしいと母親に頼むと、翌朝、父親に呼ばれました。荒木さんは運動靴を買ってもらえると胸を躍《おど》らせましたが、父親は「ぜいたく言うな。裸足で走れ」と大声で怒鳴り、ＰＴＡの会合に出かけていきました。荒木さんは悔しさのあまり、一日中泣き続けたそうです。

夕方、酔っぱらった父親が荒木さんの通う中学校の校長に抱えられて帰ってくると、その手には折り詰めのような箱が握られていました。ごちそうかと思った荒木さんが箱を手にすると、中には真新しい真っ白な運動靴が入っていたのです。その箱は、大事そうに父親の手にしっかりと握られていたそうです。

荒木さんは著書『家族の風景』（文芸社刊）で、「そのとき、私は父の優しい『心の匂い』をかいだような気がした。そして、急に父に近づいたような気がしたのである。（中略）父は忙しい稲刈りの手を休めて、私の走るのをグラウンドの木の陰から、そっと応援してくれたのだという。これは、あとで母が私に教えてくれたのであった。私はそのときの父の姿を思うと、今でも目頭が熱くなる」と、厳しさの中に普段は見せない父親の優しさを感じたことを述べています。

昔はどこにでもいたけれど、最近では見かけなくなってしまった日本の厳しい父親。その厳しさこそ、父親の愛なのでしょう。

人間力を高めるワンステップ

✦ ふとしたときに思い出す、親との思い出はなんですか

✦ 厳しいけれど愛がある親と理不尽に厳しい親の違いはなんでしょう

母の愛に気づく

気づく力

私たちは失ってみて、初めて失われたものの本当の価値や意味を知るといわれています。

「孝行したい時分に親はなし」ということわざがあります。これは、ようやく生活にゆとりが生まれ、さあ親に楽をしてもらおうと思うころには親はもういないとか、若いころは自分勝手にやってきたけれど、自分に子供ができて心配してくれた親の心が分かる年齢になったときには、親はもう亡くなってしまっているという意味に受け止められています。

しかしそこには、親を亡くすことによって人は初めて本当の孝行にめざめ、親に対する自分の心のいたらなさに気づき、重い悔いを残すものだという、もっと深い意味があるともいわれています。

母親と遠く離れて暮らしている人も、すでに亡くした人も、母親を身近に感じることはできます。それは私たち自身の顔かたちや性格の中に母親の姿を見ることができるからです。また、あなたの毎日の姿の中にも母の姿を発見することができるのではないでしょうか。よく探してみると、驚くほどいっぱい母親の姿が浮かんでくることでしょう。

できることならば、母親が生きているうちに母の愛に気づきたいものです。なかなか会いに行けないのなら、手紙や電話、メールなどで、ちょっとした季節の便りや近況報告などもできます。日々の暮らしの中の出来事や子供の成長の話、健康の気づかいなど、自分を気にかけてくれていることはうれしいものです。

母親が元気なうちに母の深い愛に真にめざめることができたなら、それはその人の生き方や、その後の人生を一変させるほどの大きな力となることでしょう。

すでに母親を亡くしている人は、朝夕、仏壇などにお参りしたり、毎月、日を定めて墓に参拝したり、感謝の気持ちを新たにすることもできます。大切な母親への感謝の気持ちを今一度思い返して、ときには家族団らんの場で、夫婦がそれぞれの母親のことを子供たちに話しましょう。

人間力を高めるワンステップ

✦ 母親へ感謝の思いを口に出して伝えましょう

✦ 次に母親に会うときどのような言葉をかけようと思いますか

生かされて生きている

気づく力

私たちは、山や海などの美しい景色に見とれて、時間が経つのも忘れてしまうことがあります。そのようなときは心地よい満ち足りた気分になり、ささやかな幸せを感じる瞬間でもあります。

ところが、日々、忙しく時間に追われる生活を送っていたり、効率や他人との競争だけを考えて過ごしていると、自然の美しさや自然界にともに生きている生命の存在を見失いがちになります。

一個の生物としての人間が生きていけるのも、自然のはたらきと力によって支えられているからです。その自然のはたらきと力とは、生きとし生けるものを生み育てている力です。それはまた、支え合っている生命のつながりともいえるでしょう。

私たちが毎日食べるものは、大地からとれた野菜や肉、海などからとれた魚など、少し前まで生きていたいのちです。自然から与えられた恵みと、他のいのちの犠牲の上に私たちの生存は許されているのです。私たち人間は、地球全体の生命のつながりの中でしか生きることができないといえるのです。

生命は、他の生命から生かされていると同時に、他の生命をも生かしています。地球上の生命は互いにつながり合い、支え合っているからこそ生きていけるのです。

私たちが自然を美しいと感じるとき、自然は多くの喜びを与えてくれます。また、自然を美しいと感じられるのは、その優美《ゆうび》な形や色彩だけでなく、自然のつながり、互いに支え合っている生命のつながりがあるからです。

自然のつながり、生命のつながりを深く感じるとき、私たちは初めてそこに自然の持つ偉大さと、そのかけがえのない大きな価値に気づくことができるでしょう。自然のつながりの中で自分は生かされている存在だと自覚するとき、他の人間や周りの生命に対して、同じいのちを共有している仲間という広い大きな心が生まれてくるのではないでしょうか。

人間力を高めるワンステップ

✦ 今日一日、あなたがいただいた〝いのち〟にはどのようなものがありましたか

✦ いのちをいただいて生かされている存在ということを自覚していますか

柔らかな親心

気づく力

私たちは、些細《ささい》なことで子供を叱りつけたり、親子げんかをしたりします。そのようなとき、つい自分中心の気持ちや、かたくなな態度でわが子を責めてしまうことが多いかもしれません。

『万葉集』の代表的な歌人・山上憶良《やまのうえのおくら》の和歌「銀《しろがね》も金《こがね》も玉も 何せむに まされる宝 子に及《し》かめやも」のように、親が子供を思う気持ちは昔から決して絶えることがありません。

もちろん、さまざまな時代や地域の影響で、家庭での子供の育て方も千差万別でしょう。しかし、そこには〝自分のことは差し置いて〟という、柔らかな親心がいつもしっかりと存在しているように思われます。

明治期に五百社以上の創業に関わった渋沢栄一《しぶさわえいいち》（一八四〇～一九三一）の母親・えいは栄一が子供のころ、寒い北風が吹くと風邪を引かせないようにと羽織を抱えて遊び場所を探し回りました。「栄一はいませんか」と尋ねながら羽織を抱えて田んぼ道を走るえいの姿は村の名物となり、「おえいの羽織」と呼ばれたそうです。

また、将棋棋士《きし》の谷川浩司《たにがわこうじ》さんは五歳ぐらいのとき、五つ年上の兄と兄弟げんかが絶えなかったため、父親が将棋セットを買って兄弟で指すように導いたことが、将棋との出合いになったといいます。父親は谷川少年が将棋を覚えたてのころ、自転車で将棋教室に連れて行き、わが子が将棋を指しているのを外からそっと窓越しに見つめていたそうです。そんな父親の姿を見て行き交う人が「将棋がお好きなんですね」と尋ねると、父親は「いえ、子供が楽しそうに指しているのを見ているのが楽しいんです」と答えたそうです。

ほんの些細な出来事から言い争いになったり、けんかをしたりするのが親と子供の関係です。しかし、そんな日常の中でも親は常に子供の健康や将来について心配し、柔らかな心で見守っているのです。

そのような親の姿が、子供たちにとって大きな安心感につながっていくのです。

人間力を高めるワンステップ

✦年を重ねてから気づけた親心はありますか
✦親子げんかをしたらお互いの考えや価値観を確かめ合いましょう

気づく力

限られた「親との時間」

現代の高齢者の生活は、年金制度や介護保険などによって、ある程度は社会からの援助を受けることができます。それでも看病や介護などの必要が生じたときは、多くの場合、子供をはじめとする家族の手助けが必要となります。

中には、両親が二人とも病気になる場合や、兄弟姉妹が少ないために、夫婦それぞれの両親に対する配慮が必要な場合もあるでしょう。また、近くに住んでいれば日常の手助けができても、離れた場所で暮らしていれば、それも容易ではありません。そこには、それぞれの立場の悩みが生まれることでしょう。

「孝行したいときには親はなし」という古言《こげん》が生まれたのは、平均寿命が今よりもずっと短かったころのことです。

しかし、長寿の時代を迎えた今でも、親を看取《みと》った後に〝もっとよくしてあげられたらよかった〟という思いにさいなまれる人は、少なくありません。

成人した子が親と一緒に過ごせる時間は、意外に短いものです。

例えば、独立した子が現在四十歳前後で、親から離れた場所に暮らしていたとします。親が六十代後半だとすれば、現在の平均寿命で考えて、親の寿命はあと二十年。仮に、その親子が顔を合わせて一緒に過ごせる時間が一年間で十日ほど、一日につき九時間として計算すれば、二十年間では千八百時間、七十五日分ということになります。

この数字は、親と子が住んでいる場所などそれぞれの家の事情で変わってはきますが、「二十年間で七十五日」という数字にしてみると、かなり少ないといえるのではないでしょうか。

人間力を高めるワンステップ

✦親と一緒に過ごせる時間はあとどのくらいでしょう
✦親と過ごす時間が長くとれるとすれば、どのようなことをしてあげたいですか

子を持って知る親の恩

親子の絆《きずな》というのは、距離的に遠く離れても、あるいは一方が意識しなくなったとしても、決して切れるものではありません。たとえその絆が見えなくなったとしても、いつでも深く結ばれているものであると思うのです。

千葉県に住むM子さんは、地元・北陸の高校を卒業後、東京の会社に就職しました。その後、職場で知り合った夫と結婚し、二人の子供も授かりました。幸せな生活を送っていたある日のこと、母親から父親がガンで入院したという知らせが入りました。すぐに家族で見舞いに行くと、母親はM子さんたちに「お父さんの病状が進んでいて、もう手遅れかもしれない」と告げたそうです。

父親の手術は二日後に行われました。無事に手術が終わりホッとしていると、担当医から「できるだけのことはしましたが、残念ながらお父様のいのちは長くて一年、短くて三か月でしょう」と言われたそうです。

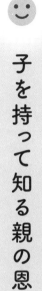

手術から二週間が経過したころ、M子さんは母親と交代で付き添いをしましたが、四か月後、父親は他界しました。

親は子供が病気やケガをしたとき、自分もその状態と同じような痛みを感じ、心を痛め、献身的に尽くします。これが親の愛であることは、M子さんも子育ての中で感じていました。

〝子を持って知る親の恩〟といいますが、M子さんも父親が病《やまい》に倒れるまで子育てや仕事に追われ、自分の親に対しては、その愛や恩のありがたさを心から感じられなかったと反省したのです。

以来、自宅のタンスの上に父親が縁側でほほ笑んでいる写真を飾り、そこに毎朝お茶を供えて手を合わせることがM子さんの日課の一つとなりました。

夫婦で自分たちの親のことなどについて話す機会を持っているでしょうか。また、子供たちの祖父母について、どのような人だったか、その人柄についても伝えていますか。

人間力を高めるワンステップ

✦親から聞いた祖父母の話を思い起こしてみましょう

✦親は、祖父母に対して、どのような思いを抱いているか聞いてみましょう

老いたる者はさらに美しい

気づく力

アメリカの詩人ホイットマンの詩に「若い者は美しい——しかも老いたる者は若い者よりさらに美しい」という一節があります。

子供の邪気《じゃき》のない美しさ、そして若さの持つ生きるエネルギーにあふれた瑞々《みずみず》しい美しさに、感動しない人はいないでしょう。

しかし、長い間、人生の年輪を積み重ね、さまざまな喜びや悲しみを経験してきたお年寄りの美しさというのは、また味わい深い美しさではないでしょうか。

長い人生の中には、大切な人と別れて悲嘆《ひたん》に暮れたこともあったでしょう。不平や不満に耐えられなかったこともあったかもしれません。また、人を傷つけたり、悲しませたことがあったかもしれません。さまざまな苦労もあったことでしょう。

しかし、年齢を重ねるとともに生かされて生きていることに感謝し、人を許し、愛することをしてきたお年寄りは、たとえ顔に深い皺《しわ》が刻まれていても、必ず人を感動させる美しさを持っています。

私たちは、一日のうち、感謝の心で喜びに満ちるときもあれば、不平や不満でやる気をなくしてしまうときもあります。また、人を愛し、人の幸せを祈ることができるときもあれば、人を憎み怒るときもあるでしょう。それが現実の人間の姿です。

しかし、心は私たちの意思によって変えることができるので、年齢とともに一歩ずつ、美しい心のはたらく時間を増やしていきたいものです。

私たちは、見える世界の美しさには敏感ですが、見えない世界の美しさについてなかなか思いがいたらないものです。生きがいや喜びに満ちた生活を送るためには、見えない世界の美しさも大切なのです。

そんな目には見えない美しい世界があることに気づいて、少しでも感謝や愛という美しい心に近づいていくとき、外見ではなく、本当の意味での「美しい人」になっていくのではないでしょうか。

人間力を高めるワンステップ

✦ 年輪を重ねた〝美しさ〟を感じたことはありますか
✦ 理想の老い方はありますか。どのような方を思い浮かべるでしょうか

子育ての楽しみ

深める力

幼《おさな》い子がハイハイを始め、しばらくするといつの間にかつかまり立ち、そしてヨチヨチ歩きを始めます。そのうち、いろいろなものに興味を持ち始めます。すると、特に手の届く範囲には、うっかりした物は置けなくなります。

元来、幼児はボタンやキラキラ光るものが大好きです。そして何よりも、好奇心のかたまりです。自由に動けるようになってしばらくすると、手の届く範囲にある引き出しなどを勝手に開けて、中にしまってあるものをそこら中にぶちまけて、本人は大満足のニコニコ顔。大人はカッカしながら叱りつける……、よくあるシーンです。

このようなとき、大人はしばしば「こんな悪いことをしてはいけません」とか、「しょうがない子ね」などと言いますが、本当にそうでしょうか。

幼児がこんなことができるようになったのは、実は順調に成長している証拠なのです。親は叱る前に、わが子が順調に育っていることを、まず喜びたいものです。

確かに子育ては大変です。マニュアルどおり、思いどおりにはいかないものです。しかし、苦労が多いからこそ、また楽しみもたくさんあるのではないでしょうか。子育てに一日中振り回されていても、無邪気な笑顔、安心して眠るわが子の姿を見れば、疲れも吹き飛ぶというものです。この世で、子育て以上の喜び、楽しみ、価値あることは、そうたくさんはないように思います。

また、わが子の行動や成長を観察しているうちに、自分の幼いころを思い出したり、自分の親もこんな苦労をして自分を育ててくれたのかと、あらためて親に対する感謝の心が実感となって湧《わ》いてきたりします。

「子育ては自分育て」ともいわれます。子育て中は子供に振り回される日々が続いていても、子育てとは、愛する子のために苦労することで子供が成長し、さらに親自身が一回りも二回りも成長できるチャンスだと受け止めたいものです。

人間力を高めるワンステップ

✦ わが子の成長を実感するのはどのようなときでしょう

✦ 子育てによって自分が成長したと感じることはありますか

深める力

あなたは大事な存在

言葉は、私たちの生活になくてはならないものの一つです。要件を伝えるのにも、知識や情報を得るのにも、言葉は重要なはたらきをしています。しかし、コミュニケーションには「要件だけ伝わればいい」「情報が伝達されたらそれでいい」というわけにはいかない面もあります。心と心の触《ふ》れ合うコミュニケーションは、私たちが生きていく上で非常に重要なものです。臨床心理学者の杉田峰康《すぎたみねやす》さんは著書で次のように述べています。

「人は、心のふれあいを求めて生きています。(中略)人間のコミュニケーションには、『あなたは私にとって大事な人間です』というメッセージを相手に伝えることがとても大切なのです。それを心理学では『ストロークを与える』と言います。

ストロークというのはもともと、ボートのオールのひと漕《こ》ぎ、水泳のひとかきなどのことを言いますが、心理学では『なでる』『タッチする』など、触《さわ》ってあげることをはじめ、相手を『認める』とか、『褒《ほ》める』とか、『ありがとう』というメッセージを相手に与えることを言います。そのメッセージを受けた側は、『私は大事にされているのだ』『私は価値のある人間なのだ』と感じるのです」（生涯学習ブックレット『人を育てる「愛のストローク」』モラロジー道徳教育財団刊）

「あなたは大事な存在」という究極のメッセージ。そんな温かい思いが伝わる心の触れ合いこそが、私たちに「生きる力」を与えてくれるのでしょう。

人を明るい気持ちにさせる言葉も、暗い気持ちにさせる言葉も、人を勇気づける言葉も、落胆させる言葉も、すべては私たちの心から生まれます。一つひとつの言葉のもとなる自分自身の心を、あらためて見つめていきたいものです。

そして、私たちが温かい言葉によって周囲の人の心に喜びをもたらし、温かく親密な人間関係の輪が広がっていったとき、その輪の中にいる自分自身にも大きな喜びがもたらされるのではないでしょうか。

人間力を高めるワンステップ

✦ 言葉によってコミュニケーションに失敗したことはありますか

✦ 勇気づけられた言葉を思い出してみましょう

敵に塩を送る

深める力

今日《こんにち》のような国際社会、情報社会といわれる現代に生きていると、私たちは古くから言い伝えられてきた教訓や逸話などはもう通用しないという思い込みがあります。

例えば「正直は一生の宝」。これは、正直は一生通じて心がけるものであって、誰にでも誇れる財産という意味です。また、「正直の頭《こうべ》に神宿る」というのは、正直な人には必ずいつかは神の助けがあることをいっています。

子供が約束をするときには「指切りげんまん、嘘ついたら針千本飲ます」と言ったり、「嘘つきは泥棒の始まり」と言って、嘘をつくことを戒《いまし》めてきました。

また、子供同士によるけんかの際には、弱い者をいじめてはいけないとか、大勢で一人を相手にするのは卑怯《ひきょう》であるなどと教えてきました。

戦国時代、越後国《えちごのくに》（今の新潟県）の上杉謙信《うえすぎけんしん》と甲斐国《かいのくに》（今の山梨県）の武田信玄《たけだしんげん》との戦《いくさ》にまつわる次のような逸話があります。

あるとき、甲斐国は周囲の敵によって、塩の運搬路を絶たれてしまいました。塩は人の生命を維持するために欠かせないものです。これに対して、当時、信玄との戦の最中だった謙信は、甲斐国に塩を届けさせたのです。

塩が絶たれて苦しむ敵の様子を知らせにきた家来が、「いい気味ではありませんか」と言ったのに対し謙信は、「できるかぎり塩を集めて、甲斐に送り届けてやるのがよかろう」と言って席を立ったそうです。

私たちの先人は、この「敵に塩を送る」という話によって、たとえ敵国ではあっても弱みにつけ込まず、領民まで巻き添えにして苦しめてはいけないこと。また、敵対している相手にも思いやりをかけ、むしろその苦境から救い、正々堂々と向き合うことの大切さを伝えてきたのです。

人間力を高めるワンステップ

✦ 物質的・直接的でなくてもあなたにできる精神的サポートとは

✦ 子供と一緒に、相手の気持ちを考えて思いやりの心を育《はぐく》みましょう

家庭の温度を上げる

深める力

子供の問題行動をつくり出す原因の一つに、両親の不仲があります。両親が争ったり対話がなければ家庭の中がだんだん冷えて居心地が悪くなり、子供は非行に走ったり家出をしてしまうかもしれません。そうならないためにも、家庭の温度を上げてみましょう。自分の家の中が外よりも温かければ、子供は外へは出ていきません。

家庭の温度とは、人間としての触《ふ》れ合いの温度のことです。もし、お子さんが家で親といるほうが居心地がいいと感じたら、外へは出ていかないでしょう。帰宅したお子さんに「どこへ行っていたの？　お母さんがどんなに心配していたか分からないの！」と叱ったり、うるさく文句を言ったりしていないでしょうか。

確かに、お子さんの言動を心配するのは親として当然のことですが、子供はそれを親の愛情とは受け止めず、「うるさいなあ、世間体《せけんてい》ばかり気にして」と思っているかもしれません。

そこで、お子さんが帰ってきたとき、今までと何かが違う「あれっ？」という感じを持たせてみましょう。それは理屈ではなく、家が醸《かも》し出す雰囲気です。つまり、夫婦の仲のむつまじさ、母親の笑顔、優しい言葉の語りかけなどでつくられていくものです。このような対応を続けていくうちに家庭の中の温度もだんだん上がり、雰囲気も和《なご》やかになっていきます。

基本は、親である夫婦が健康で仲良く生活していくことです。その姿を見て、お子さんも〝今までとは家の雰囲気が違って、居心地がいいな〟と感じ、外へ出ていく回数も少なくなっていくことでしょう。

私たち一人ひとりを一隻《せき》の船にたとえるならば、家庭は船が帰還する港にあたります。夜の帳《とばり》が下りた海で、遠くに港の温かな灯《あか》りが見えたときに感じる安堵感——。それは家庭にも当てはまります。

家庭の温かさは、家族の安らぎと喜びを増幅してくれるものなのです。

人間力を高めるワンステップ

✦子供が居心地がいいと感じるのはどのような家庭でしょう

✦家庭の温度を上げるために親が意識することはどのようなことでしょう

深める力

「つながり」の中にある「ありがたさ」

家庭や学校、職場、地域社会……。私たちの生活の場には、世代を重ねて受け継がれてきた大小さまざまな物事があります。それらの中には、普段は意識されないほど私たちの暮らしに溶け込んでいるものもあるでしょう。

普段から当たり前のようにお世話になっている相手や、その存在を当然のように感じている物事については、つい「ありがたさ」を忘れてしまいがちです。しかし私たちは、さまざまな「つながり」に支えられて今を生きているのです。

「恩」という漢字は、「因」と「心」とでできています。因には「もと」や「原因」という意味がありますから、ここに心が加わると、「原因を心にとどめる」といった意味になるでしょう。

つまり、「恩を感じること」とは現在起こっている出来事の原因や物事の成り立ちに気づき、その「ありがたさ」を感じることであるといえます。時代を超えた「つながり」の中にある「ありがたさ」を味わう心を大切にしたいものです。

自分が受けてきた恩恵について考えると、「直接的に返すことのできない恩」も「返しきれないほど大きな恩」もあるでしょう。ここに「自分がいただいた恩を次代に送る」という「恩送り」の考え方が生きてきます。先人たちの苦労や努力を思い、自分自身もこれに倣《なら》って文化の継承や社会の発展のために尽くしていくことは、先人に対する「恩返し」の一つの方法といえるでしょう。

先人の恩恵に感謝しつつ、自分自身もまた、今の社会や次の世代に対する責任を果たしていくこと——。それは、自分自身の人生をしっかりと歩んでいくためにも、大切なことではないでしょうか。

人間力を高めるワンステップ

✦当たり前のようにお世話になっている人を思い浮かべてみましょう
✦あなたにできる恩送りは何かを考えてみましょう

父親の感化

深める力

父親の中には、子育ては母親の役目であると考える人も少なくありません。しかし、父親は、自分をモデルにその影響を受けながら育っている子供が目の前にいることを忘れてはならないと思います。

昔から「三つ子の魂百まで」といわれていますが、父親も、子供の幼児時代からこのような気持ちで、親と子の深い絆《きずな》、心の触《ふ》れ合いを育てるよう努力したいものです。

地域医療教育をライフワークとする北海道大学名誉教授の前沢政次《まえざわまさじ》さんは、子供の正常な精神的発達のためには、父親のあり方が問われると語り、まず、身近なところから次のようなことを実行しようと提唱しています。

①家では機嫌よくする
②自分の欠点や、失敗を子供に話す
③夫婦は助け合い、信頼し合う

④ときには筋道を立てて叱る
⑤一度でいいから職場で働く姿を見せる
皆さん方の家庭でも、ぜひ、お父さんとお母さんとがよく話し合って、わが家の子育て憲章、親として守るべき規範を作り、信念を持って一生懸命生きる姿を子供たちに見せてあげてください。

――いま、世界には、父親がいなくなった。父親がいなくなったということが、社会の秩序をなくしてしまった。社会の秩序を回復させるには、父親がもう一度、力を持たなければならないだろう――

ミッチャーリヒ（西ドイツの精神分析学者）

人間力を高めるワンステップ

✦親として決めているルールはありますか
✦家庭での父親の最も重要な仕事はなんだと思いますか

与えられたいのち

活かす力

「私たちはどこから来たのか、私たちはいったい何者なのか、そして私たちはどこへ行くのか」と題された、ゴーギャン（一八四八～一九〇三）の絵画があります。

いのちの源流を訪ねていくと、父母から始まって、その先におびただしい数の祖先がいたことに気づきます。さらにさかのぼっていくと、ついに二、三百万年前の人類そのものの出現にたどり着くでしょう。その先は、生物の進化の跡を延々とたどり、行き着く先は、三十数億年前に地球上に現れた最古の生命体でしょうか。いのちの源をたどる旅は、ちょうど水道の蛇口から出た水がはるかかなたの水源地からずっと続いているのと同じです。その先は雨であり、雲であり、そして海に行き着くように……。

しかし、〝生命の起源は？〟と問われても、本当のところはよく分かっていないようです。おそらく原始の海に生命が誕生する諸条件が奇跡的に整ったとき、初めて地球上に生命体が発生したのでしょう。それはもう、大自然のはたらきとしか考えられません。このように考えると、私たちのいのちは直接的には父母によって誕生したのですが、もともとは人間を超えた自然によって与えられたとしかいいようがないのではないでしょうか。

現在、地球上にはおよそ百五十万種もの生物が存在しています。そのすべての生物に共通していることは、ＤＮＡという遺伝子を持っていることだといわれています。その意味では、いのちのもとは同じといってもいいでしょう。私たちがいのちを与えられたということは、そうしたいのちのもとを受け継いできたということでもあるのです。

また、おびただしい数の祖先のことを考えると、私たちは見知らぬ人々ともいつかどこかで先祖を共有していることに気づきます。きっと私たちは、互いに同じ先祖から枝分かれした一人ひとりなのでしょう。

いのちを与えられ、いのちを受け継いだ私たちは、やがて新しいいのちを生み育てていきます。与えられたいのちを、次のいのちに受け継いでいくのです。

人間力を高めるワンステップ

✦ いのちのもとを受け継いで私たちが存在していることを深く感じたことはありますか
✦ あなたの生きがいはなんですか

親の恩に報いるために

活かす力

「親孝行」というと、プレゼントをすること、食事や旅行に招待することなどを思いつく人も多いことでしょう。老親《ろうしん》の日常の手助けや、看病・介護などに尽くすこともその一つです。

しかし、その基本としてまず考えなければならないのは「親に安心していただく」ということです。親にしてみれば、自分が生み育てた子供は、どんなに成長しても「わが子」です。たとえ社会的に自立し、経済的に豊かになったとしても、常に子供のことを心配し、気づかう存在なのです。

そうした親の心を思い、まずは自分の体を大切にすること、また、兄弟姉妹が仲むつまじくすること、そして円満な家庭を築いていくことで、親の心にどれほど大きな安心と喜びが生まれるでしょうか。また、愛情のこもった心からの感謝といたわりの言葉によって、安心と喜びが生まれることもあるでしょう。

「親父、ここまでよく頑張ってきたな。今、自分たちがこうして暮らしていけるのは、親父のおかげだ」

「お母さん、痛いか。さすってあげようか。自分も小さいとき、こうしてもらったのを覚えているよ」

「父さんはいつも僕のためを思って叱ってくれた。母さんは僕の帰りが遅いときもずっと待っていてくれた。その心で、僕も今、わが子と向き合うよ」

「お父さん、お母さん。いつも気持ちよく、おじいさんとおばあさんのお世話をしていたね。自分たちも同じように、お父さんとお母さんを大切にします」

年老いた両親に対しては、これまで見てきた後ろ姿や、注いでもらった愛情の深さを思い、そんな敬愛の念を言葉に表してみるのもよいのではないでしょうか。

人間力を高めるワンステップ

✦ 親の安心のために心がけていることはありますか
✦ 今、親に伝えたい思いを言葉にしてみよう

いのちの根源との出会い

活かす力

老いや死とともに病《やまい》は〝いのち〟の意味に目を開かせるものの一つでしょう。多くの人は、思いがけずに病気になると初めは後悔や寂しさ、不安感に押しつぶされそうになるものです。

しかし、やがて「いのちは自分のものではない」ことに気づき、「何かが自分に病を与えたということは、自分とその何かが不思議な糸でつながっているのではないか」と感じて、「個々のいのちを育て支える〝いのちの根源〟との出会い」に目覚めるのです。

また、病を得た多くの人が、あらためて空の美しさ、草木の優しさ、花のすばらしさ、虫のいとおしさを感じるようです。

作家の中野孝次《なかのこうじ》さん（一九二五～二〇〇四）は、著書『清貧《せいひん》の思想』（草思社刊）の中で、江戸時代の僧侶で歌人でもある良寛《りょうかん》の「むらぎもの 心楽しも 春の日に 鳥のむらがり遊ぶを見れば」という歌を引いて、「良寛は草庵《そうあん》の戸を開け、春が来たことをしみじみと味わいながら、鳥たちが囀《さえず》り、群れ飛び、餌《えさ》をついばむのを見て、そこに自分と同じよろこびをともにしたものがいるのを感じている。鳥も自分もともに生きてこの時に遭遇している幸福を、これこそが恩寵《おんちょう》である、これ以外の幸福はない、と感じているのです」と、いのちが〝ともに生きる喜び〟を述べています。

いのちを見つめるとき、私たちはこの世にひとり存在するのではなく、周りの多くの人々と共に生きていることに気づきます。

いのちに誕生があるように、いのちには死があります。すべてのいのちには限りがあるのです。ですから、いのちが脅《おびや》かされる「病」や、いのちを包んでいる肉体が衰《おとろ》える「老い」や、いのちの燃え尽きる「死」に向き合ったとき、多くの人々が自分のいのちの意味に目覚めるのでしょう。死や病や老いに直面し、その苦しみと孤独をひしひしと感じたとき、人は自分のいのちをしみじみと味わうのではないでしょうか。死や病や老いを見つめることは、いのちを見つめ、いのちの喜びを得ることです。

人間力を高めるワンステップ

✦ 病などの不遇が人生に前向きな変化をもたらしたことはありますか

✦ 動物や植物など地球上のいのちのつながりや重さをかみしめてみましょう

親孝行できる社員を

活かす力

社会人として初めての給料――。中には、その一部を感謝の気持ちとして親に贈る人もいるでしょう。何かプレゼントをする人もいるでしょう。それらも親孝行の一つです。しかし、そのときの気持ちを持ち続けることはなかなか難しいものです。

今日《こんにち》、社員教育の一環として「親孝行のできる社員を育てよう」という会社もあります。会社がお客様に質のよい満足を得てもらうには、社員一人ひとりがよりよい人間性を備える必要があります。そのために親孝行が推奨されているのです。

実際に、会社全体で親孝行に取り組んでいるところの社員は、次のような感想を述べています。

「親は遠慮がちにプレゼントを受け取っていましたが、内心ではすごく喜んでいることが分かりました。親の気持ちが伝わってきて、うれしくなりました」

「きょうだいから『親の誕生日でもないのに？』と聞かれたので、親孝行強化月間の話をしたところ、結局、きょうだいみんなですることになりました。やはり、きょうだいの仲がいいことは、親はうれしいようです」

花一輪、ハンカチ一枚でも両親にプレゼントすることをとおして、親に対する感謝の気持ちや、それを実際に行動に移す心を持った人は、多くの場合、お客様や仕入先の要望などに温かく対応することができる素養を持った人です。両親という最も身近な人に対するホスピタリティのある人は、仕事でも心からのおもてなしができるのです。

企業間での競争はますます激しさを増し、給与面でも余裕のない企業が多いことでしょう。とはいえ、親孝行の動機づけとして手当を支給することが、社員の人間性の向上に役立ち、結果的に会社の業績にとってもプラスになるという点を考えれば、企業にとっては、あらためて親孝行の価値についての認識を持つ意味があるのではないでしょうか。

人間力を高めるワンステップ

✦ 今まで親のためと思ってしたことで喜んでもらった経験はありますか

✦ どうすれば親は安心し、喜んでくれるのか考えてみたことはありますか

相手の幸せを願う心で

活かす力

よかれと思って助言したのにその思いが本人に届かず、気まずい雰囲気だけが残ったという経験はないでしょうか。特に職場でリーダーとして自ら人を育てる立場になったとき、直面することの多い問題かもしれません。

人と人とのつながりの中で生きる私たちは、誰もが他の人々を支え、同時に自分も他の人々から支えられている存在です。その中で円満な人間関係を築き、喜びに満ちた毎日を送るために、思いやりの心が大切であることはいうまでもありません。

相手は何を考えているのか、どのような気持ちでいるのか、何を必要としているのかと相手の立場を思い、「その人が感じているもの」に対して思いを寄せてみることは、「思いやりの第一歩」といえるでしょう。

それは「人を真に生かし育《はぐく》む心づかい」ともいえます。「正しい方向へ教え導く」ということも大切ですが、「育てる側」が思いやりの心を培《つちか》っていく中で「親がわが子を思うように、相手の幸せを心から願う気持ち」になれば、それを感じ取った相手の心は、自然と開かれていくことでしょう。

そうして信頼と安心に満ちた人間関係が築かれたとき、こちらの思いは正しく相手の心に届くのではないでしょうか。それはまた、「自分自身を真に生かし育むこと」にもつながっていくのです。

人間力を高めるワンステップ

✦ 円満な人間関係を築くために気をつけていることはありますか

✦ 一番身近にいる人の幸せを願ってみましょう

活かす力

誕生日は誓いの日

親が子を生み育てるということは、大宇宙の現象、大自然の法則にかなっていることです。そしてこの営《いとな》みは、私たちの祖先からずっと途切れることなく繰り返されて続いてきたのです。

このように考えていくと、親や祖父母はもちろん、顔も知らない多くの祖先に対しても、いのちのつながりとそのための苦労・努力に対しても、畏敬《いけい》の念や感謝の気持ちが湧《わ》いてくるのではないでしょうか。

私たちは自分が誕生したときのことは覚えていないので、母親はわが子が生まれたときの様子や気持ちを、子供たちに伝えてほしいものです。父親や他の人が伝えてあげてもよいのです。

子供は、自分の生まれたときの話を聞くことによって、親や祖父母、さらに祖先とのつながりを確かめ、深めていくことができます。そして、つながりの中で今の自分が生きていることに気づいていくでしょう。親がすでに他界されている方は親の笑顔を心に浮かべ、生前の親の思いに触《ふ》れてみてはいかがでしょう。

作家の吉川英治《よしかわえいじ》さん（一八九二〜一九六二）は、晩年の講演の中でご両親のことを、「もう両親はおらぬが、私は両親に会おうと思えばいつでも会えるのです。それは私の脈をみるのです。私の体の中に、いつでも両親は生きていてくれるのですから、誰でも両親に会おうと思えば、いつでも会えるのです」と回想しています。

私たちの体の中に、一度も途切れることなく脈々と生き続けている両親や先祖との〝つながり〟というものをあらためて考えてみることが、誕生日の大切な意味といえるのではないでしょうか。

誕生日は、一年に一度、誰にでもやってくる人生の節目《ふしめ》の一つです。周囲からの祝福を受けると同時に、授かったいのちの意味について思いを深め、これからの人生をよりよく生きていくことを誓う日にしていきたいものです。

人間力を高めるワンステップ

✦心に残っている誕生日の思い出はありますか

✦誕生日には、両親や先祖との〝つながり〟に思いをはせてみましょう

神様が「もういいよ」と言ったら

活かす力

Hさんは胃がんを患《わずら》い、死を身近に感じました。幸い手術は成功し、そのときの経験から最期のときを受け入れる心がまえができたそうです。

回復したHさんは、『葉っぱのフレディ――いのちの旅』（童話屋刊）を、幼稚園に通う孫のSちゃんのために買い求めました。この絵本は、フレディという名前の葉っぱが散ってゆく仲間たちの姿を見たときに死への恐れを感じ、自らが散っていくときに、いのちの永続性やいのちをつなぐことの大切さに気づく心情が描かれています。

ある日のことです。HさんはSちゃんにせがまれて『葉っぱのフレディ』を読み聞かせていると、自然とこんな言葉が出てきました。

「Sちゃん、葉っぱのフレディも死んじゃったでしょう。人間も、みんな死ぬんだよ」

それを聞いたSちゃんはびっくりして、こう聞きました。

「こったん（SちゃんがHさんを呼ぶときの愛称）も死ぬの？」

そのときHさんは、闘病中には決して受け入れることができなかったことを言いました。

「そうだよ。こったんも死ぬんだよ」

Sちゃんは続けて「おじいちゃまも死ぬの？」と聞きます。

「うん、おじいちゃまも死ぬんだよ。だけど、こったんもおじいちゃまも今すぐは死なないよ。まだまだこれから、いっぱいやることあるから、まだ死なないよ。

Sちゃんはこれからお勉強をしたり、友だちと遊んだり、いろいろとやることがいっぱいある。人は生きて、優しくしたり、役に立ったりして人のために一生懸命いろんなことをしなければならないの。そうして神様が『もういいよ』って言ったら死ぬんだよ」

その言葉を聞いたSちゃんは、Hさんもおじいちゃまもまだまだ死なないということを理解し、安心して納得しました。祖母であるHさんの言葉を通して、いのちのつながりや継続性ということが、孫のSちゃんの心に強く残ったことでしょう。

人間力を高めるワンステップ

✦ いのちについて考えた出来事はありますか

✦ いのちのつながりについて、誰かに伝えた経験はありますか

「食卓」が支える「心」

活かす力

「食」とは、体の成長や健康維持だけでなく、心の成長や人と人とのコミュニケーションも含めて、私たちの人生を豊かにする上で重要な意味を持っています。心の側面からも、「食」はとても大事なことです。家族と共にする食事は、家族の絆《きずな》を強めるとともに、「食」に関するさまざまな文化を伝える場でもあります。

ひと昔前までは、朝晩の食卓には家族の皆がそろい、「いただきます」「ごちそうさま」の挨拶やお箸の使い方など、子供が食事の作法を正しく身につけるための「しつけの場」としても重視されていました。そこで伝えられることは、これからの人生で健康を維持していくための食生活の基礎であったり、その家庭の習慣や味覚であったりもします。

そして食事の準備や後片付けなどの手伝いから「感謝の心」や「奉仕の心」を学んだり、一つのお皿に盛られた料理を分け合って食べる中で「思いやりの心」を学んだりすることもあるでしょう。

こうして考えてみると、日々の「家庭の食事」の意義もまた、「生命を維持するために栄養を摂取する」ということにはとどまらないようです。食事を通して文化が受け継がれ、心が育《はぐく》まれるのです。

また、食事を親しい人と共にすれば、同じものを一人で食べたときよりも格段においしく感じられることでしょう。顔を見合わせたり、言葉を交わしたりして、喜びを共有できる相手がいるだけで、食事には彩《いろど》りが添えられます。こうして食卓で家族と向き合うことは、お互いの思いを伝え合い、また、相手の心を感じとって、その絆をいっそう強めていくことにも役立ちます。

私たちの食生活は、時代とともに移り変わっていく部分もあるでしょう。また、忙しい毎日の中で、常に家族がそろって食卓を囲むことは難しくなっても、食卓が支える「心」の側面は、しっかりと次の世代へ受け継いでいきたいものです。

人間力を高めるワンステップ

✦「家庭の食事」で教えられたしつけにはどのようなことがありますか

✦次の世代へ受け継いでいきたい食卓の文化や味覚を考えてみましょう

器を満たすヒント

もてなしは「一期一会」の心で

気づく力

日ごろ、私たちは地域や職場、さらに親戚、知人など、お世話になっている人や身近な人などと人間関係を結んでいます。ときによっては、これらの人から品物やお土産《みやげ》を受け取ったり、贈ったりします。その贈り物には、単なる金銭的な価値だけでなく、贈る人の思いや願いが込められています。

さまざまな物を包むことができる〝風呂敷《ふろしき》〟は、ひと昔前まで贈答のシーンに欠かせないアイテム（小道具）でした。しかし最近では、菓子折は手提げの紙袋のまま、金封は背広の内ポケットからそのまま差し出すといった光景があちらこちらで目につくようになり、包むという作法が少なくなりました。

「包」という漢字は、母親が胎内に宿した新しいいのちを抱え込むように守り慈《いつく》しむ姿をかたどっているといわれており、さらに「包む」という行為には、中身を清浄に保ち大切に扱う気持ちと、渡す相手を敬う気持ちも込められているのです。風呂敷の使い方から分かるように、日本人は昔から物を渡すだけでなく、感謝や敬意を贈答品に込めてきました。

また、「一期一会《いちごいちえ》」という言葉がありますが、これは人と人が会うのはその瞬間だけ、一回限りの出来事だと思って誠意を尽くすべきだという教えです。

もてなす人が「一期一会」の心でもてなすのであれば、もてなされる人もまた相応《そうおう》する心がまえでその思いを受け止めることが望まれます。

私たちはプレゼントや手土産を「いただく」と言いますが、そこには単に物を受け取るのではなく、相手の気づかいや思いやりの心を受け取るという意味が込められています。

つまり、相手や物に敬意と感謝を込めて「押し戴《いただ》く」ことでもあるのです。

このようにして、私たちはちょっとした気配りをして、相手の気持ちを受け取ることで人間関係は円滑になり、お互いに喜びを与え、与えられるようになります。豊かな社会になった今日こそ、いただき物の後ろにその人の思いやりの心があるということを常に思い浮かべ、感謝して受け取りたいものです。

人間力を高めるワンステップ

✦うれしかった手土産や感動したもてなしの要因はなんだと思いますか
✦物や行動に心を添えるには、どのようなことが必要ですか

それは「当たり前」ですか？

気づく力

私たちの身の回りを見渡すと、「これなくして生活は成り立たない」と思えるものが数多く存在します。ところが、日常生活に溶け込んでいればいるほど、また、身近なものであればあるほどその存在が「当たり前」に思えて、「ありがたい」という気持ちを忘れてしまいがちです。この「ありがたい」という言葉には、深い意味があります。

まず「存在することが難しい」「めったにない」といった意味。これが漢字で「有り難い」と書く所以《ゆえん》でしょう。このことから、恩恵や厚意に接したとき、それを「めったに受けることのできない幸運」として喜ばしく思い、感謝せずにはいられないという気持ちを込めて、私たちは「ありがたい」と言うのです。

私たちが自分一人の力では生きていけないという事実を思うとき、今こうして「当たり前」の生活を送っていること自体が「有り難いこと」に思えてきます。

例えば、私たちが文字を読み書きできるのはなぜでしょうか。もちろん「自分が勉強したから」といえますが、そこには親や教師などの「教えてくれる人」の存在もあったはずです。さらに長い目で見れば、文字を発明し、これを文化的な遺産として今日まで受け継いできてくれた先人たちの存在もあるでしょう。同じように「自分の力で成し遂げた」と思えるようなことでも、どこかで必ず自分以外の大勢の人たちの力に支えられているものなのかもしれません。

何よりも今、私たちがこの世に存在し生きていくことができるのは、「いのち」を与えてくれた親祖先のおかげであり、家族をはじめとした身近な人たちのおかげでもあり、社会に支えられているおかげでもあり、もちろん自然の恩恵も受けているはずです。

こうした「あって当たり前」とも思える日常に存在する「有り難いこと」に気づき、感謝する心を育《はぐく》んでいくことは、喜びの多い人生を築くもとになるのではないでしょうか。

人間力を高めるワンステップ

✦ あなたにとって「当たり前」の生活とはなんですか

✦ 前触れもなく「当たり前」が崩れて不便を感じたことはありますか

気づく力

関わりの大切さを「知る」

毎日、私たちは遠くで起こった事故や事件、災害などの様子を、ネットやテレビなどからすぐに知ることができます。ところが、自分が住む身近な町や親しい人については意外と知らないことがあります。

身近な地域社会を知るためには、自ら積極的に行動しなければなりません。また、身近な親しい人でも、何かきっかけとなるものがなければその人の人生を知ることはなかなか難しいようです。

仏教に「知恩《ちおん》」という言葉があります。これは、「三宝《さんぼう》や両親・国王・衆生《しゅじょう》などの恩徳を知って、これに報《むく》いること」（小学館『日本国語大辞典』）という意味で、仏やその教え、国や多くの人々やさまざまな恵みを知り、報いることが大切だと教えています。三宝とは、仏教において最も重要とされる仏法僧《ぶっぽうそう》のことです。

自分が住む地域社会に目を向ければ、そこにはいろいろな人々の貢献やお互いの助け合いがあります。そのことを知れば知るほど、感謝の気持ちが湧《わ》き上がってくるのではないでしょうか。

私たちは、地域社会や親しい人など多くの関わりの中で生きています。それらはあまりにも身近なため、かえってその大切さに気づかず、意識しないまま生活していることがあります。その当然の存在がなくなって初めてその大切さに気づく場合があります。あらためてその関わりの大切さを「知る」ことができれば、そこに大きな気づきと感謝の心が生まれます。

私たちは日ごろから家族や身近な人、そして地域社会にもっと関心を向けて生活していると、きっと新しい発見や新しい喜びが生まれてくるはずです。

人間力を高めるワンステップ

✦ 住んでいる地域の好きなところ、困りごとはなんですか
✦ その困りごとについて、あなたの立場でどんな取り組みができるでしょうか

いのちをいただきます

気づく力

食に対する教育、いわゆる「食育」は、単に食に関する情報や知識を伝えるだけのものではありません。家庭や学校、地域の中で、実際にさまざまな体験を積むことによって、自然に食について学んでいくことが本当の意味での食育になります。

家庭の中では、実際に食事作りに参加することがよい経験になります。例えば、カレーを作るとき、材料を同じような大きさに切りそろえ、炒《いた》めてから煮込む作業は、子供たちにはなかなか大変なことです。少しくらいの失敗も、自分が作ったカレーはおいしいに違いありません。「おいしい」と親から評価されればうれしくなって何度も挑戦する気持ちが湧《わ》いてきて、そのうちに自分なりの工夫を加えるようにもなるでしょう。そして、普段の食事を作ってくれる親に感謝の気持ちも芽生えてくるのではないでしょうか。

また、独自の食育に取り組んでいる学校もあり、高知県のある小学校では子供たちの好き嫌いをなくすために食べ物を自分たちの手で作ることに取り組んでいます。近くの農家の協力を得てお米作りを体験したり、校庭の一部を菜園にして二十種類以上の野菜を子供たち自身で栽培し、それを給食に利用しています。こうして子供たちは、種まきから収穫までのすべてを体験し、農作物の成長を間近に見ることができます。

その結果、子供たちは自分たちの作った野菜が入った給食を先を争って食べるようになり、給食の残飯は大きく減りました。また、学校での態度も落ち着いてきたそうです。自分たちの手で栽培することで育てる喜びを知り、自然や農家の人の苦労に対する感謝の気持ちが自然に生まれてきたのです。

自分が口にするものを自分の手で作ることで、そこから自然の恵みや食に関わるさまざまな人たちに対する感謝の気持ちを培《つちか》います。これに勝《まさ》る食育はないでしょう。

私たちのいのちは、すべて自然のいのちをいただくことで維持されています。いただいたいのちに感謝し、それを生かしていくためのひと手間を惜《お》しまない丁寧な生き方に、私たちの生活を健康で心豊かなものにしていく秘訣があるのではないでしょうか。

人間力を高めるワンステップ

✦ つい「食」をおろそかにしていませんか。それはなぜでしょう

✦ 今日の食事でいただいたいのちにはどのようなものがありましたか

仏様の指のように

気づく力

国語教育研究家の大村《おおむら》はまさん（一九〇六〜二〇〇五）は、第八高等女学校（現在の都立八潮《やしお》高校）で国語の教師をしていたころ、当時、成蹊《せいけい》女学校の主事をしていた教育学者の奥田正造《おくだしょうぞう》さん（一八八四〜一九五〇）の読書会に参し、〝仏様の指〟の話を聴いたそうです。

――あるとき、仏様が道端に立っていらっしゃると、一人の男が荷物をいっぱい積んだ車を引いて通りかかったが、そこは大変なぬかるみであった。車はそのぬかるみにはまってしまい、男は懸命に引くけれど、車は動こうとしない。男は汗びっしょりになって苦しんでいる。仏様はしばらく男の様子を見ていらしたが、ちと指先で車にお触《ふ》れになった。その瞬間、車はスッとぬかるみから抜けて、男は車を引いて行ってしまった――

奥田さんは「男は御仏《みほとけ》の指の力にあずかったことを知らない。自分が努力して、ついに引きえたという自信と喜びで、その車を引いていったのだよ」と言ったそうです。

その話を聞いた大村ざんは「私は仏様の指のような存在でありたい。だから、子供が卒業して私のことをみんな忘れても別にかまわない。子供たちには、後ろを振り向かないでどんどんと行ってもらいたい」と、決して見返りを求めることのない大きな愛情で、生徒たちの心に生きる力を育《はぐく》むことを誓ったそうです。

ぬかるみから車を引き出した男のように、私たちはなんでも自分の力でやっていると思いがちですが、気がつかない何かに後押しされているのかもしれません。

今、私たちがこの世に生きて生活できているのは、私たちを愛し、守り、育ててくれた親のおかげでしょう。親は子供の前を歩いているようですが、その心は子供の後ろにあり、必要なときにはいつでも子供を支え、後押ししようとしているのではないでしょうか。

私たちが「おかげ」を感じるもののすべての背後に、私たちを愛し育てようとする仏様のような存在があるように思います。もっともっと「おかげ」に気づいて、その背後にあるものによりいっそう感謝の気持ちをささげたいものです。

人間力を高めるワンステップ

✦そもそも自分の能力を過信してしまうのはなぜでしょう

✦見返りを求めない人はどのようなことを心がけているでしょうか

雰囲気を和らげる思いやり

気づく力

職場でお互いに言葉を交わしたり「ありがとう」などお礼を言うとき無表情より笑顔のほうが感じがよく、楽しく仕事ができるでしょう。

また、仕事上でミスをしたりトラブルが起こったりしたときでも心を落ちつけ、感情をそのまま表情に出さずに解決に取り組みたいものです。これはなかなか難しいことかもしれませんが、周りの人への思いやりであり職場の雰囲気を和《やわ》らげることになるのです。

職場では、「今すぐこれを○○へ届けてほしい」「今すぐコピーをとってほしい」などと頼まれることがあります。もちろん、上司や先輩からの依頼であれば、自分の仕事を後回しにしても素直にその指示に従うべきでしょう。しかし、そのために計算を最初からやり直したり、報告書をまとめるのに集中していた頭が散漫になって仕上げるのに手間取るといったことも少なくありません。その結果、イライラしてゆとりをなくしてしまいます。

そこでこういう場合には、その人の立場に立って考えてみる心のゆとりを持ちたいものです。また一方、指示された人も、自分の仕事の状態を上司と話し合ってみてはいかがでしょうか。それによって「今すぐ」は「一区切りついたとき」というように変えることができるはずです。これで指示された人もイライラすることなく、落ちついて仕事を進められるのではないでしょうか。

このように、お互いに話し合って仕事を進めていく思いやりが職場のゆとりとなり、よい人間関係を育てることにもなり、それでこそ社会人としても一人前といえるのです。

かつて、評論家の大宅壮一《おおやそういち》さん（一九〇〇〜一九七〇）は「急ぎの原稿ほど、ゆっくり丁寧に書け」と、後輩に教えたそうです。つまり、急いで書くと誤字や脱字があったり、読みにくかったりで、その後の作業が手間取ると教えているのです。これは急ぎのときの後輩への思いやりであり、どのような職種でもこの気持ちが大切だと思います。

このような職場の雰囲気の中でこそ、よい仕事ができるのではないでしょうか。

人間力を高めるワンステップ

✦ 急な仕事にどのような気持ちで対応することが多いですか

✦ 職場の雰囲気を和らげるために何ができるかを考えてみましょう

悪いのは周りだけ？

気づく力

昨今、企業の不祥事が後を絶ちません。中でも多いのが、個人や一部の者たちによる不正行為です。

例えば、会社の大切な情報を他人に漏《も》らしたり、会社の資金を着服したり……。こうした不祥事は、なぜ起こるのでしょうか。たまたま社内に悪い人間がいたから、あるいは、トップや上司の管理不行き届きなど、果たしてそれだけでしょうか。

私たちの多くは、職場などで不祥事が起こった場合、それはたまたま悪い人間がいただけだと考えたり、トップや上司の管理が不十分だったからだと思って、なかなか自分自身の問題として受け止めようとしないものです。

しかし、不祥事が起こる背景には、必ず不祥事を起こしやすい職場の風土というものがあります。その職場の風土は、その構成員一人ひとりがつくっているのですから、結局、自分自身の日々の言動が不祥事の発生と大きく関わっていることになるのです。

では、不祥事が起こりにくい風土をつくるために、私たち一人ひとりはどうすればよいのでしょうか。

職場などの風土を変えるのは、トップの役割が大きいことはいうまでもありません。しかし、たとえトップにその意識がなくとも、風土を変えなければと気づいた人がよき風土づくりのために善行を率先して行うことが必要です。その際、周りの人が何もしないからといって他人を責めるのではなく、あくまで自分自身の問題として受け止めて、行動を起こすことが大切です。

不祥事を防ぐ職場づくりのためにはまず、職場の一人ひとりが「職場の風土は私が変える」という気概を持って、目の前の小さなことを疎《おろそ》かにせず、小さな善行を地道に継続していくことです。そのことがやがて周囲を巻き込み、不祥事が起こらない、明るい、そして規律ある凜《りん》とした職場をつくっていくでしょう。

人間力を高めるワンステップ

✦ あなたの理想の職場とは？ 理想とのギャップはなんですか

✦ 理想の職場づくりのために、今日できる小さな善行はなんでしょうか

気づく力

「お世話をする側」が得られるもの

各地域では、町内会の親睦行事や生活環境の整備など、さまざまな活動が行われていることでしょう。そこには、当たり前のように行われている地域の行事であっても「一住民」や「一参加者」の立場を超えて、必ず「お世話をする側」に回る人が存在します。

その人たちの多くは、舞台の上でスポットライトを浴びるようなことはなくても、行事の成功のため、みんなの喜びのために裏方として奔走《ほんそう》しているのです。

こうした役目が自分に回ってきたとき、〝世話役は大変だ〟というイメージから、敬遠したくなることもありますが、ひとたび「お世話をする側」に立つことで、なんらかの気づきが得られることも少なくありません。それは、努力や苦労の末に物事をやり遂げたときの達成感や充実感であったり、参加者の笑顔に触《ふ》れたときの喜びであったりします。

参加するだけの立場では、〝もっとこうすればいいのに〟などという不満を抱くこともあるかもしれません。しかし、自ら「お世話をする側」に踏み込むことで、物事の裏方には常に〝どうしたらみんなに喜んでもらえるだろうか〟と思いを巡らす人たちがいることに気づき、自然と感謝の念が湧《わ》いてくるのではないでしょうか。

視点を変えてみると、地域社会における有志の活動以外でも、私たちは家庭や職場、学校などのあらゆる場面で「お世話をする側」になり得ます。さまざまな人々との「支え合い」によって成り立つ私たちの日常は、「お世話をする側」と「お世話をされる側」とが複雑にからみ合い、ときと場合によって、その立場は絶え間なく入れ替わっているといえるからです。

自分がどのような立場にあるときも「お世話をする側」の視点を意識して、感謝の念を抱きつつ、自らも他に喜びや安心を与えようと努力していくことは大切です。そうすることで、自分自身の新しい目が開かれるだけでなく、その影響は周囲にも及んで、温かく住みよい社会が築かれていくのではないでしょうか。

人間力を高めるワンステップ

✦「お世話をする側」の視点で得られた喜びや学びはありますか

✦「お世話をされる側」は、よき参加者として何ができるでしょうか

神から与えられたもの

気づく力

東京大学名誉教授の月尾《つきお》嘉男《よしお》さんが、北アフリカの過酷な砂漠地帯で遊牧生活を送る先住民族を訪ねたときのことです。そこは、アトラス山脈の南側の斜面に当たる孤立した地域です。

彼らは月尾さんたちを迎えると、まずお茶を振る舞ってくれたそうです。来客をお茶でもてなすのは日本と同じですが、ここでの真水がどれほど貴重なものであるのかを、後日、水汲みに同行した月尾さんはあらためて実感したそうです。それは約五時間もかけて断崖絶壁の細道を歩いて往復し、プラスチックタンクで運んできたものだったのです。

滞在中は近隣の人々も招き、ヤギ一頭を解体して盛大な宴会を開いてくれました。彼らにとって家畜は商品なので、普段、自分たちでは口にすることのない特別なごちそうです。その宴会の最中、たまたま砂漠を通りがかった人に「宴会のごちそうがあるから、立ち寄って食べていくように」と声をかけたそうです。

彼らはなぜ、見ず知らずの人のためにこれほどまでに尽くすのか、月尾さんがその親切の理由を尋ねると「すべては〝神から与えられたもの〟だから、誰にも平等に分配するのが当然なのだ」と言ったそうです。

現代の日本に生きる私たちには考えられないほどの過酷な環境にあって、水や食料などの貴重な物資を他に分かち与えることを当然と考えて生きる人々。そこには、日本の「物質的に豊かな暮らし」とは対照的な「心の豊かさ」を見ることができます。

それは「日本もかつての不便な暮らしに戻るべきだ」ということではありません。「与えられたもの」に対して不足を思わず、自然の恵みに心から感謝すること。そうしたものを独り占めせずに他の人々と分かち合うこと。見返りは求めずに他のために尽くすこと。そんな一人ひとりの「心のあり方」こそが、彼らの心豊かな暮らしの秘訣なのでしょう。

そうであれば、現代の日本でも、私たちの心がけ一つで心豊かな暮らしを実現できる可能性があるのです。

人間力を高めるワンステップ

✦ あなたにとって「豊かさ」とはなんですか

✦ その豊かさを実現するにはどのような心のあり方が大切ですか

「自分らしさ」を発揮する

深める力

「仕事は一所懸命にやっていれば必ずおもしろくなる。それが成功への道であり、幸福への道である」という確信を一生説き続けた、本多静六《ほんだせいろく》（一八六六～一九五二）という人物がいます。

本多は日本初の林学博士で、東京の日比谷公園をはじめ、日本の国立公園のほとんどの設計を手がけ、「日本の公園の父」と呼ばれています。晩年は東京帝国大学教授も務めた本多ですが、もともと森林の研究をしたくてこの道に入ったわけではありませんでした。

本多の生家は大豪農《だいごうのう》として知られる家でしたが、本多がまだ幼《おさな》いとき、多額の借金を残して父親が亡くなり、家は没落してしまいます。本多は書生《しょせい》として他家に住み込みながら、勉学に励みました。その折、家の主人から紹介されたのが、学費のかからない「山林学校」だったのです。

自分の目の前に偶然現れたその道を、本多は選びました。そして、目の前の与えられたことを一所懸命にやり続けることで、自らの人生を切り開いていきました。（渡部昇一《わたなべしょういち》・中《なか》山《やま》理《おさむ》著『人間力を伸ばす珠玉の言葉』モラロジー道徳教育財団刊参照）

人は、ときに思いもよらなかった道が目の前に現れたり、自分のやりたいこととは違う役割が与えられたりすることもあります。自分の思いどおりではない仕事や役割に没頭することは、難しいものです。嫌《いや》なこと、おもしろくないことに直面することもあるかもしれません。

しかし、〝自分らしくいられる場所〟を探し続けて堂々巡りになるよりも、むしろ「今、ここ」でやるべきことをやり続けてこそ、新たな発見や喜びも得られるのではないでしょうか。

人は、人との関わり合いの中で成長するものです。自分以外の周囲に心を寄せ、他の役に立つことで喜びが得られ、「自分らしさ」を十分に発揮することができるのです。

人間力を高めるワンステップ

✦ 今の仕事のおもしろさはなんですか

✦ 不本意だったけれど、続けてきてよかったと思う出来事はありますか

深める力

“次も頑張ろう”というエネルギー

人は人生の中で、働くことに多くの時間を費やしています。働くことを喜びとするか、苦しみと捉えるかによって、人生の趣《おもむき》はまったく変わってきます。

必ず誰かの役に立ち、誰かに喜ばれるはずだと信じられるようになると、自信が生まれてくるものです。

『声に出して読みたい日本語』など数々のベストセラーを出している明治大学教授の齋藤《さいとう》孝《たかし》さんは、働くことについて次のように述べています。

「人は誰かから期待されているときにこそ、エネルギーが湧《わ》いてくる。尊敬する人のため、あるいは世のため人のためになすことのほうが力が出る。自分の経済力のため、自分が幸せになるためだけに何かをする人は、エネルギーがどんどん枯渇《こかつ》していってしまう」

（『働く気持ちに火をつける』文藝春秋刊）

仕事は自分の趣味や娯楽のように、楽しいことばかりではないかもしれません。単調な作業が続くと、ときには苦痛を感じることもあります。そのようなときは立ち止まって、その仕事の意味や目的、それによって喜ぶ人のことを考えてみましょう。

〝期待されているから、信頼されているから頼まれたのだ。早く仕上げて、○○さんを驚かせたい、喜ばせたい〟

そのように考えてみると、心の奥に喜びが湧き上がってくるようです。それを逃さないようにしながら、今与えられた仕事に対して、地道に取り組んでみるのです。

その結果として相手に喜ばれると、自分もうれしくなり、〝また次も頑張ろう〟というエネルギーが湧いてきます。そのエネルギーをもらってよい仕事をすれば、もっと喜んでもらえる。そんな〝喜び〟と〝働きがい〟の循環ができてくると、やる気はいっそう湧き上がってくるのではないでしょうか。

人間力を高めるワンステップ

✦ どんなときに働きがいを感じますか

✦ 働きがいを高めるためにできることはなんでしょうか

深める力

あなたにとって一番大切なもの

自分と他者がどういう形で関わっているかについて、駒澤大学名誉教授を務めた奈良《なら》康《やす》明《あき》さん（一九二九〜二〇一七）は講演の中で、次のような「原始仏典」の話をされています。コーサラという国にパセーナディという王様とマッリカーというお后《きさき》がいました。あるとき、王様はお后に向かって「この世の中で、あなたにとって一番大切なものは何かね」と尋ねました。

お后は、少し考えた後「私自身でございます」と答えました。

王様は自分の予期した答えが返ってこなかったため、一瞬黙ってしまいました。すると、今度はお后が王様に向かって「王様、あなたはいかがですか？」と質問を返しました。すると王様は、「やはり、私自身かな」と答えました。しかし、王様はなぜかおもしろくありません。そこで王様は祇園精舎《ぎおんしょうじゃ》に釈尊《しゃくそん》を訪ねて、このお后との会話の話をしました。すると釈尊は「それはそうだ」とお后の言葉に納得した後、次のような話をしました。

「どの方向に心で探し求めてみても、自分よりさらに愛しいものはどこにも見いだされない。そのように他人にとってもそれぞれの自己は愛《いとお》しい。だから自分（を愛する）のために他人を傷つけてはならない」と。

つまり、自分は大事にしなければなりませんが、それは好き勝手なことをしてよいというのではありません。自分が自分にとってかけがえのない存在ならば、他の人にとっても「自分」は大切なものだから、大事にしてあげなければなりません。

そこに「自らも他も立ち、他を立たせることによって自らも立たせてもらう」という考え方が示されています――（要旨）

自分の人生が大切なように、相手の人生も同じように大切にすることができれば、お互いの人生はいっそう豊かになっていくに違いありません。相手を尊重する、相手を認める、相手を思いやるというのは、こうした意識を持って相手と関わることだといえるのではないでしょうか。

人間力を高めるワンステップ

✦ あなたにとって一番大切なものはなんですか

✦ 一日の中に「自分を大切にする」時間をとれていますか

深める力

二分のゆとり

今では、メタボリックシンドローム（内臓脂肪症候群）の危険性が知られるようになり、肥満に対する関心が高まっていますが、私たちの心にも「肥満」があるのをご存じでしょうか。自分の力以上のことを求め続けると欲望が肥大し、やがて人間関係が壊れ、人生全般に変調を来たす危険があるようです。

お茶の名産地・埼玉県狭山《さやま》市で文化十二年から製茶業を営《いとな》む繁田《しげた》家には「仕事は八分《はちぶ》の力をもちうべし。物は十貫目負うものならば八貫目に止めよ。飲食は腹八分目になせば摂《せっ》生《せい》によろし。一家の経済は収入の八分をもってなせ」という家訓が伝わっています。

そうして残した〝二分《にぶ》のゆとり〟の活用法について、こう続いています。

「二分はこれを蓄積蘊養《ちくせきうんよう》して困蹶《こんけつ》を防ぐべし。急がずあせらず、徐々として休止するなかれ。また、一年に十貫の得分（利益）あるものは八貫にてしのぎ、二貫目を残せば巨額の余裕となるべし」（足立政男《あだちまさお》著『老舗の経営法とモラロジー』廣池学園出版部刊）

また、道徳に基づく人生の生き方や経営のあり方を説いた廣池千九郎《ひろいけちくろう》（一八六六〜一九三八）は、「健康の法則に背《そむ》けば疾病《しっぺい》もしくは短命となるのであります。事業成功の法則に背けばその事業に敗を取るのです」（『新版 道徳科学の論文 9』モラロジー道徳教育財団編）と説き、欲望のままに自己の力以上に事業に取り組むことを強く戒《いまし》め、企業が永く繁栄するためには、ゆとりある経営の必要性を説いています。

暮らしや経営を腹八分に抑え、そこで生まれた二分のゆとりを、万一の備えやあるいは世のため、人のために役立てる。そうして地道に徳を積み、世の信頼を積み上げたことにこそ、老舗《しにせ》が永く続く秘訣があったのです。

人間力を高めるワンステップ

✦ 自身の食生活を100点満点で自己採点すると何点くらいですか

✦ そこから10点上げるにはどのような工夫が必要だと思いますか

深める力

そばにいるだけでも苦しみは和らぐ

悲しみや苦しみを抱えている人を前にしたとき、私たちは〝何か自分にできることをしたい〟〝なんとか慰《なぐさ》め、励ましたい〟という気持ちとなるものです。

ところが、相手の気持ちや状況に十分な配慮をせずに、性急に不用意な言葉をかけたり、自分の考えを押し付けたりするのでは、反発を招くばかりか、相手の心の傷をさらに深くすることにもなりかねません。

何よりも大切なことは、相手に寄り添い、相手の思いを受け止めて、これを尊重し、共感するという心の姿勢ではないでしょうか。

上智大学名誉教授でカトリック司祭を務めたアルフォンス・デーケンさん（一九三二〜二〇二〇）は、悲嘆《ひたん》の渦中にいる人に対しては「相手が心を開いて自由に話せるように、聴き役に徹すること」が肝心であるとして、著書『心を癒す言葉の花束』（集英社新書）の中で「悲嘆にくれる人は、何度も同じ話を繰り返す傾向にありますが、相手が同じことを何回言っても、絶対に『もう聞きました』と言ってはなりません。話すこと自体が一つの癒しのプロセスになるのですから、心ゆくまで話させてあげることが大事です。（中略）ただし、相手がまだ話す気になれないようなら、話したくないことは話さないでいいという雰囲気をつくって、その人が心を開いて話せるようになるまでそっとしておきましょう。一言も語らず、ただじっとそばに座っていることも、立派なコミュニケーションになります」と述べています。

共感の心を持って寄り添うということは、相手の悲しみや苦しみを和《やわ》らげるだけでなく、生きる希望や勇気をもたらす効果もあるのです。

人間力を高めるワンステップ

✦そばにいて見守ってもらった経験はありますか

✦「聞く」と「聴く」。二つの違いはなんでしょうか

社会貢献は身近なところから

活かす力

寄付やものを提供することだけが、他の人や社会への恩返し、社会貢献ではありません。身近な人にはたらきかけることから、社会や人々に尽くすこともできます。

曹洞宗《そうとうしゅう》の開祖で、永平寺《えいへいじ》を開山した道元禅師《どうげんぜんじ》（一二〇〇～一二五三）は、自分が幸せになりたいと思うならば、他人を幸せにすることであると『正法眼蔵《しょうぼうげんぞう》』「四摂法《ししょうぼう》」の中で説き、四つの方法を示しています。

一つ目は相手に喜んでもらうために自分の持っているものや知識を提供する「布施《ふせ》」、二つ目は相手に温かく優しい言葉をかける「愛語《あいご》」、三つ目は多くの人々に利益となるような行為をして喜んでもらう「利行《りぎょう》」、四つ目は相手と協同で作業をする「同時《どうじ》」です。

これらは、電車の中でお年寄りに席を譲る、道を尋ねられたら親切に答える、家族や周りの人々に明るい挨拶をするなど、基本的なモラルばかりです。大切なことは、このような行いができることに感謝し、喜びの心を持つことでしょう。そして、一人ひとりの小さな親切や善行が社会に広がっていき、温かく住みやすい社会をつくります。

私たちは道路や電気・ガス・水道などの公共財や、教育・福祉などの公共のサービスを受けていない人はいないでしょう。これらは今日《こんにち》の社会では使えて当たり前のように考えられていますが、すべて先人が時間と労力を使って、試行錯誤した結果として得られたものです。

私たちは、持ちつ持たれつ、助け助けられる社会に暮らしています。ときには自分では気がつかないまま、他人に迷惑をかけることもあるでしょう。大切なのは、そのような関係の中にいることを自覚することです。そのことを自覚したとき、私たちは多くの恩恵に対する感謝の心とともに、身近なところから積極的に人々にはたらきかけ、自分にできることで社会に貢献したいという心が生まれてくるのではないでしょうか。

一人ひとりのそのような積極的なはたらきかけが、明るく温かい社会をつくる原動力となり、巡り巡って、自らの幸せにつながっていくのです。

人間力を高めるワンステップ

✦ 実生活で社会から受けている恩恵にはどのようなものがあるでしょうか

✦ 「布施」「愛語」「利行」「同時」。あなたにできる一番身近な社会貢献は

思いやりの心の芽生え

活かす力

道徳とは何も特別なことをすることではありません。思いやりの心に基づく、日常の小さな行いを積み重ねることです。

次に紹介するのは、中国・西安市から、大学の留学生として日本にやってきたKさんの体験です。

「私は日本での生活を何回も夢で想像した。見知らぬ世界経済の大国の豊かさに期待しているのと同時に、不安もいっぱいだった。

こういう複雑な気持ちを抱《かか》えて、日本の国土に踏《ふ》み出したが、私はすぐにこの町が好きになった。(中略)

それは、ある夜のことだった。道に迷《まよ》った私は、たまたま通りかかったおばあさんに、寮(大学の学生寮)への道を尋《たず》ねた。とても信じられないことに、おばあさんは『こんな遅い時間、お一人だったら危ないよ。ばあさんが送ってあげるよ』と言ってくれた。

私は、おばあさんの好意に甘えて無事に寮に着いたが、一人で暗い夜の中に消えていったおばあさんの後ろ姿を見て、目が潤《うる》んでしまった。私の安全を心配したおばあさんは、自分の帰り道が怖《こわ》くないのだろうか。
日本人の人情の冷淡《れいたん》を蔑《さげす》む中国人には、顔の見知らぬ外国人のことで、わざわざ面倒臭《めんどうくさ》がらずに世話をする人はいるだろうか。（中略）
私の日本人に対する不安は、この町に住むということで消えてしまった。この町は私に勇気を与えた」（「留学生の目に映る町の人々」柏南ロータリークラブ）
人は、人の優しさに触《ふ》れて、自分の優しさを引き出されるものです。慈愛の心の芽生えは、困った人がいたら助けてあげたいと思う心です。そうした優しさは、多くを語らなくても、結果として、相手の心から感謝の心を引き出すのです。

人間力を高めるワンステップ

✦ 感動するほどの優しさに触れた経験を思い出してみましょう
✦ 人の優しさに触れて、真似《まね》したいと思っていることはありますか

世界から尊敬される日本人に

活かす力

私たちは国際人として、世界の一員として、世界から嫌われない、むしろ愛され尊敬される日本人になれるのでしょうか。

それにはまず、相手の国を心から尊敬することでしょう。そして相手国の歴史や国民の生活習慣をよく知り、それを尊ぶことです。毎年、海外へ多くの日本人が行っておりますが、訪問国に日本人の生活習慣を持ち込んでいないでしょうか。

多くの外国では、知らない人同士でも顔を合わせるとお互いほほ笑み合いますし、エレベーターに乗ると「何階に行かれますか？」と声をかけてくれます。しかし、日本人はレディーファーストも十分身についていないからか、エレベーターに乗ってスイッチのそばに立っても、ほとんどの人が一緒に乗った人に「何階にいらっしゃいますか？」と声をかけないといわれています。外国語が自由に操《あやつ》れないからかもしれませんが、人を思いやる心は持ちたいものです。

そして、特に日本人に目立つのが、集団でしか行動ができないこと。そして、集団になるとたんに行儀が悪くなり、騒がしくなることです。「郷《ごう》に入れば郷に従え」という言葉があるように、訪問国においてはその国の文化、習慣を尊び、マナーを守らなければ、心の通った交流はできないと思うのです。

人間力を高めるワンステップ

- 日本のよき習慣とはなんだと思いますか
- 外国人が憧れる日本の美点とはなんでしょうか

「井戸端会議」は役に立つ

活かす力

最近では、地域のつながりを「地域力」と表現したり、地域で育て合う力を「地育力」といいます。

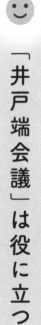

麗澤《れいたく》大学名誉教授を務めた水野治太郎《みずのじたろう》さん（一九三八〜二〇二二）は、地域のつながりに注目し、地域力の再生に力を尽くされた一人です。水野さんはある講演で、隣近所に住んでいても挨拶すらしない人間関係が増えている現状を「地域力」や「地育力」の衰退と捉え、次のような提言をされました。

「私がお願いしたいのは、ぜひ、『井戸端会議』を復活させてほしいということです。地域がバラバラになった理由の一つは、主婦が井戸端会議をやめたことだと思います。それは主婦だけの責任ではないのですが、家の外に出て、近所の人がお互いに立ち話をすることが、どんなに地域の力を誇示《こじ》しているかということを、あらためて見直していただきたいのです。おしゃべりや立ち話は、むだなことではありません。そこに人がいるということ、そして隣同士がつながっているということは、怪《あや》しげな人を遠ざけることにもなります。ですから、声かけ運動や井戸端会議をおおいにやってください。そうやって心を少しずつ地域に向けていくことが、『地育力』の向上につながるのです」

このように住民同士の心の隙間《すきま》を埋《う》め、心のつながりを広げていくためのヒントは、身近なところにもたくさんあります。

地域に目を向け、隣人に対して心を開くきっかけは、やはり挨拶や声かけでしょう。「おはようございます」「こんにちは」といった簡単な挨拶から始め、何度か挨拶を交わすうちに「いいお天気ですね」「お元気ですか」といったひと言を付け加えられるようになると心の通い合う人間関係を築いていくきっかけが生まれ、水野さんの提唱する井戸端会議も自然と増えていくことでしょう。

人間力を高めるワンステップ

✦ 隣近所の方に挨拶をしていますか

✦ 地域に支えられていると実感した出来事はありますか

活かす力

コミュニケーションは気長に

お年寄りと若い世代では、教育をはじめ、社会の仕組みなど育ってきた環境が大きく異なるため、価値観やものの考え方にだいぶ開きがある場合も少なくありません。

しかし、お互いにコミュニケーションを密にすることによって理解し合い、助け合い、補い合っていけると思います。そこで、お年寄りとのコミュニケーションを成功させるための、三つのポイントを提案します。

第一は、気長に落ち着いて交流を図ることです。人間は年齢を重ねると、視力や聴力をはじめ、さまざまな肉体的能力が衰《おとろ》えていきます。お年寄りが一生懸命に話しても、歯切れよく、要領よくとはいかない場合があります。その場合、若い人たちがイライラするとそれが態度に表れ、お年寄りはますます焦《あせ》ってうまく話ができなくなったり、ときには話を途中で止めてしまい、心を閉ざしてしまう場合もあります。ですから、お年寄りと話すときは落ち着いた心と態度で、気長に話し合っていただきたいと思います。

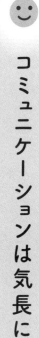

第二は、心から語りかけることです。朝の挨拶ひとつでも、心を込めて明るく「おはよう」と声をかけましょう。コミュニケーションの第一歩は、まず自分が心を開いて語りかけることにあるといわれています。毎日、身近に出会うお年寄りには、心を込めて挨拶をし、必ずひと声かけさせていただきましょう。

第三は、相手の立場になって考えよう、ということです。お年寄りから愚痴《ぐち》っぽい話が出るような場合は、心に不満があるからでしょう。不満を直接に言いにくいときについ愚痴をこぼすのは、誰しも同じことです。しっかりと耳を傾けて、お年寄りの心の内を知り、お年寄りの立場になって考え、不満の解消に努めさせていただきましょう。

これらのポイントを踏まえてお年寄りとのコミュニケーションを図っていけば、きっと今まで以上に親しみを覚え、共感できることが増えてくるはずです。異なった世代間のコミュニケーションを、もっともっと活発に進めていきましょう。

人間力を高めるワンステップ

✦「人生の先輩たち」のことを思うとき、どんな気持ちが湧《わ》き起こりますか

✦三つのポイントのうち「できている」と思うのはどれくらいありましたか

活かす力

「おせっかい」は社会の潤滑油

〝誰かの力になりたい〟という気持ちが芽生えたとしても、実際の行動に移せないことがあります。〝自分は「親切」のつもりでも、相手にしてみれば「余計なおせっかい」かもしれない〟など、考えれば考えるほどためらわれ、結果として「何もしない」という選択をする場合もあるでしょう。

「相手のため」を思ったなら、まず行動に移してみることが「おせっかい」と呼ばれる行為かもしれません。もちろん「親切の押し売り」にならないように、配慮する必要はあります。

また、その行為によって自分自身や周囲にも危険が及ぶ場合などは、特に冷静な判断が必要です。

しかし、あまり深く考え過ぎたがために、せっかく芽生えた「思いやりの心」が行動につながらないのであれば、何も生まれなかったのと同じではないでしょうか。

「おせっかい」を焼く人が少なくなってきた背景には「他人のことにはあまり干渉しない」という風潮があるようです。それは「互いの自由」を尊重する動きとも取れますが、行き過ぎると「無関心」による冷たさを助長することにもなりかねません。

　少しの「おせっかい」によって、相手の役に立つことができれば、そこには温かい心の交流が生まれ、人間関係を築いていくきっかけとなります。その意味で小さな「おせっかい」は、社会の潤滑油といえるのではないでしょうか。

人間力を高めるワンステップ

✦「相手のため」にした行動が「余計なおせっかい」になるのはどんなときでしょうか

✦うれしかった「おせっかい」はありますか

活かす力

思いやりの贈り合い

あの人に会うと元気をもらえる気がする。一緒にいると気持ちが明るくなる――。そういう人ばかりに囲まれて毎日を過ごせたなら、どんなに素晴らしいことでしょう。

私たちは、誰もが「思いやりは大切である」と知っています。しかし重要なことは、現実の人と人との関わりの中で、思いやりの心をどのように生かしていくかということではないでしょうか。

日常生活の中の、ほんの些《さ》細《さい》なことでもよいのです。まずは穏やかな気持ちで周囲を見渡して、和《なご》やかなまなざしを注ぐことから始めてみましょう。

「直接的に相手の役に立つことをする」というわけではなくても、相手の幸せを願って向けた笑顔は、相手の心に温かい思いを届けてくれることでしょう。それは相手に喜びをもたらす「贈り物」といえます。そのとき、自分自身の心の中にも穏やかで温かい気持ちが広がっていくことに気づくのではないでしょうか。

反対に、他の誰かから思いやりを受けたときは、ほほ笑みを持って「ありがとう」と感謝の気持ちを伝えたいものです。その笑顔に触《ふ》れただけでも、相手の心の喜びは増していくのではないでしょうか。これもまた、思いやりの実行の一つです。そんな「思いやりの贈り合い」は、相手との関係を円満にするだけでなく、そこで生まれた温かい空気は周囲にも波及《はきゅう》していくことでしょう。

一人ひとりが周囲の人に対して温かい心を寄せていく――、その力はわずかなものかもしれませんが、多くの人の温かい心が集まれば大きな力になるはずです。

一滴の水が集まって小川となり、やがて大河となって大地を潤《うるお》すように、私たちの家庭や学校、職場、隣近所などの身近なところから思いやりの心が広がっていき、広い社会を潤す力となれば、どんなに素晴らしいことでしょうか。

人間力を高めるワンステップ

✦ 温かな気持ちになった思いやりの「贈り物」はありますか

✦ あなたなりに思いやりを形にするとしたら

活かす力

心の扉を開く「挨拶」

「おはよう」「行ってきます」「こんにちは」「失礼します」「ありがとう」「すみません」「こんばんは」「おやすみなさい」など、私たちの日常生活の中ではさまざまな挨拶が交わされます。人と人との触《ふ》れ合いは、言葉によって深まっていきます。その最初の一歩が挨拶の言葉でしょう。

挨拶とは、もともと禅《ぜん》の言葉でした。「挨」には「押し開く」という意味があり、「拶」は「迫ること」を意味します。師匠が弟子に問答を迫って悟りを試す、あるいは修行をしている人同士が問答を繰り返して切磋琢磨《せっさたくま》するというのが、本来の意味であったようです。

これが転じて「人に近づき、心を開く際の言葉や動作」を示すようになりました。代表的なものとしては「おはよう」や「こんにちは」をはじめとする言葉の数々、また、動作ではお辞儀や会釈《えしゃく》などが挙げられるでしょう。

そこには儀礼的な意味もありますが、一般には友好の意思や親愛の情がこもったものと受け止められます。つまり挨拶とは、自ら胸襟《きょうきん》を開き、相手の懐《ふところ》に飛び込んでいくことに通じるのです。

初対面の人を前にしたとき、また、気心の知れた人がいない場所では、私たちはつい身がまえてしまうものです。そのようなときにかけられた挨拶のひと言で緊張が解け、心が温まったというのは、多くの人が経験していることではないでしょうか。挨拶には、固く閉ざされた心の扉をも押し開いていく、不思議な力があるようです。

私たちは、家庭や学校、職場、地域社会をはじめとする日常生活の場で、他にもさまざまな挨拶を交わしています。それは日常的なものであるだけに、あまり気に留めることはないかもしれませんが、あらためて考えてみると、人間関係の潤滑油的な役割を果たす、とても大切なものです。

人間力を高めるワンステップ

✦ 挨拶でホッとしたことや心が温まった経験はありますか
✦ 挨拶をするときに心がけていることはありますか

面倒を先送りしない

活かす力

江戸時代の名奉行といわれた大岡越前守忠相《おおおかえちぜんのかみただすけ》（一六七七〜一七五一）が、かつて伊勢《いせ》の山田奉行《やまだぶぎょう》であったことはあまり知られていません。山田奉行とは、江戸時代に幕府が伊勢国に置いた遠国奉行《おんごくぶぎょう》のことです。遠国奉行とは江戸を離れ、幕府直轄地《ちょっかつち》の要地を支配した役人です。山田奉行の役目は、伊勢神宮の整備や遷宮《せんぐう》の監督、伊勢国の幕府領の支配、鳥羽港《とばこう》の監視などでした。大岡越前守は、正徳《しょうとく》二（一七一二）年から享保《きょうほう》元（一七一六）年までの四年間、この地で第十八代の奉行を務めました。

越前守が在任中のときのことでした。以前から、伊勢神宮の領地は宮川を境に紀州領と接していたため、その境界をめぐってたびたび争いが起きていました。しかし、代々の奉行は、徳川御三家の一つである紀州徳川家に遠慮して、明確な判定を下さないままにしていたのです。

ところが山田奉行に着任した越前守は、自ら境界の検分に出かけ、その歴史や事実関係を明らかにして境界を確定し、今まで紀州領内とされていた地点に杭《くい》を打ちました。

このように、御三家という権威に屈することなく公正な判定をしたことが、紀州藩主徳《とく》川吉宗《がわよしむね》に注目されることになったのかもしれません。吉宗が第八代将軍となった翌年の享保二（一七一七）年、越前守は江戸町奉行に抜擢《ばってき》されました。

面倒なことが先送りされ、問題の解決が持ち越される傾向の見られる現在、後任者に憂《うれ》いを残さず、自らの責任で処断するというこの越前守の勇気と実行力から、学ぶべきことは多いのではないでしょうか。

自分の仕事や役割を次の人に引き継ぐ際に大切なのは相手に安心を与えることです。

お互いが気持ちよく仕事に取り組むためにも、相手の立場や都合をよく考え、つなぐ心を大切にしたいものです。この思いやりがあるかないかによって、仕事の結果もおのずと違ってくるのではないでしょうか。

人間力を高めるワンステップ

✦ 面倒を先送りしない。そのために大切な視点とは
✦ どんな働き方が同僚や上司、また取引先に安心を与えるでしょうか

活かす力

仕事は相手がいて成り立つ

一般に、会社などで社員がイキイキと働くためには、次の五つが必要な条件だといわれています。

①職場環境が整っていて快適なこと
②個人の能力が発揮できる適材適所の人材配置がなされていること
③給与や待遇面での公平性が確保されていること
④やる気が高まる目標管理制度や報酬制度が整っていること
⑤イキイキと働くことができる明るい社風が醸成《じょうせい》されていること

社員がイキイキと働ける条件はさまざまあるでしょうが、これらは経営者に多くの責任があるともいえるでしょう。しかし、たとえどんなに恵まれた環境が整っていても、結局は働く人自身が目の前の仕事に対してどのような心で取り組むか、その姿勢いかんによって仕事は楽しくもなればつまらないものにもなるのです。

私たちが働く理由や意味は、会社のため、お金のため、家族のため、プライドや充実感を満たすため、世のため人のためなどさまざまありますが、ただひとつ言えるのは、仕事は相手があって初めて成り立つということです。自分一人だけでは決して成り立たないのです。

鎌倉時代の禅僧で曹洞宗《そうとうしゅう》の開祖・道元禅師《どうげんぜんじ》（一二〇〇～一二五三）は、『修証義《しゅしょうぎ》』で、「利他《りた》を先《さき》とせば自らが利省《りはぶ》かれぬべしと、爾《しか》には非《あら》ざるなり。利行《りぎょう》は一法《いっぽう》なり、普《あまね》く自《じ》他《た》を利するなり（多くの人は他人の利益を優先させることで、自分の利益が減ってしまうと考えます。ところがそうではなく、〝他人のため〟と〝自分のため〟を分けて考えることに誤りがあり、人々に利益を与える利行は、利行を行う本人にとっても利行なのです。利行は自分と他人をも利するのです）」と説いています。

つまり、まずは人の役に立つこと、他人本位に考えて働くことが、結局は自分自身のためになるのだということを教えているのです。

人間力を高めるワンステップ

✦ 毎日どのような気持ちで仕事に取り組んでいますか

✦ イキイキと働くことができる職場とは、どのような職場でしょうか

「住みよい社会」を築くのは誰？

活かす力

日々、世の中で起こっているさまざまな出来事。その事実はニュースなどで知り得たとしても、「自分自身には関わりのない、遠い世界の出来事」のように感じてしまうことはないでしょうか。

「みんなの責任は無責任」という言葉があります。みんなが責任逃《のが》れをして自分以外に責任を押しつけようとすると、結局は誰も責任を負わないことになってしまいます。一人ひとりがそのような生き方をしていると「住みにくい世の中」になってしまうでしょう。

例えば、道端《みちばた》に放置されたゴミ。ゴミを落としても、「このくらい、どうということもない」と思ってそのままにしておく人もいるでしょう。「何も自分が拾わなくてもいいだろう」と思って、見過ごす人もいるでしょう。しかし、それが集まれば大変な量になるのです。

また、それは「道端のゴミ」という、形だけの問題ではありません。小さな「無責任な心」が集まると、周囲や他人に無関心な社会をつくり上げていくのではないでしょうか。

無責任な社会、個人の勝手気ままが横行《おうこう》する社会が、住みよいはずはありません。その影響は今を生きる私たちだけでなく、これから同じ社会で生きていく次の世代の子供たちにも及ぶことになるでしょう。住みよい世の中を築いていく鍵は、そこで生きる私たち一人ひとりの心がけにあるのです。

今、私たちが暮らしているこの社会は、先人たちが「次の世代のために、今よりもっと住みよい世の中を築こう」という思いを抱いて代々努力を重ねてきた結果、発展してきたものです。科学技術の発達、生活環境の向上、医学の進歩なども、すべては先人たちの努力の賜物《たまもの》です。そうした事実を心に刻み、私たち自身も次の世代に「住みよい世の中」を受け継ぐことができるような生き方を志《こころざ》したいものです。

人間力を高めるワンステップ

✦ 無責任な心がはたらくのはどんなときですか。それはなぜでしょう

✦ 「住みよい社会」を築くために心がけていきたいことを考えてみましょう

「後をよくする」生き方

活かす力

問題が起こった後に、どのような対応をするか――。そこには「生き方の姿勢」が表れます。またその判断は、自分自身のこの先の人生や社会全体の未来にも影響を及ぼすことがあります。私たちは、この世の中にたった一人で生きているわけではありません。自分自身が「後をよくする」という生き方を志《こころざ》すことは、周囲との関係や後世の人たちにも影響を及ぼすことになります。

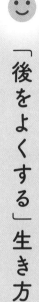

私たちの「後」に続く子供や孫の世代も、いつかは困難に直面するかもしれません。しかし、例えば今、「こうした状況下でも、姿勢を正して生きよう」といった後ろ姿を示すことで、将来の子供たちに勇気を与えることもできるのではないでしょうか。つまり、私たちは親祖先の世代からこの社会を受け継いだのと同じように、後に続く世代へと譲り渡していく立場といえるのです。

世の中が抱えているさまざまな課題を思うとき、感染症の問題も含めて、すぐに解決できるものばかりではないかもしれません。「完全な解決」という形で後をよくすることが容易ではないとしても、「自分自身の生き方は、後世にも影響を及ぼすものだ」という点は心に留めておかなければならないでしょう。

私たちは今、先人たちの歩みに思いを致し、次の世代にも「よりよい世の中」を残すことができるように努めたいものです。そこには思いやりの心が欠かせません。自分自身を大切に思うのと同じように周囲の人たちのことを思い、また後世の人のことを思う——。そうした一人ひとりの心がけによって安心のある社会が実現し、はるかな未来に向けて「後」をよくしていくことができるのではないでしょうか。

人間力を高めるワンステップ

✦ 親祖先の生きた姿勢にどんなことを学びましたか

✦ 未来の世代へどのような世の中、どんな自分を残したいですか

形は変わり、心は続く

活かす力

私たちの身の回りには、家庭や学校、地域や会社などの中に息づく小さな伝統をはじめとして、過去の多くの人々から受け継がれてきたものがたくさんあります。

日本社会には、代を重ねて物事を受け継いでいくことを尊重する文化が根付いていますが、その代表的な例が老舗《しにせ》の存在です。日本には、創業から百年以上の企業が十万社以上、二百年以上の企業でも三千社以上あるといわれており、これは世界の各国と比べても、圧倒的に多い数字です。

ここで興味深いのは、会社としては続いていても、その事業の中身は時代に応じて変化してきているところが少なくないことです。

一例を挙げれば、鍛冶屋《かじや》として出発し、刃物から洋食器へ、そこから広く生活用品全般を扱うようになった会社があります。金属加工の技術を受け継ぎながら時代に応じて仕事の内容を変えて、生き残っているのです。

一方で、こうした多くの老舗に共通するのは、代々伝えられてきている家訓の存在です。商売を営《いとな》んでいく上で重要な項目を子孫のために書き残し、それを代々の当主が受け継いできたのです。質素倹約や正直な取引、お客様への奉仕、地域への貢献など内容はさまざまですが、いずれも重要な心がまえです。

このような家訓を守り続けることで周囲からの信頼が得られ、それが永続的な事業の基盤となっているのです。

事業の形は時代に応じて変化させていきながらも、芯となる精神はしっかりと受け継いでいくことが大切なのです。物事の継承は、自然に行われているわけではありません。それぞれの世代で「受け継ぐ努力」をきちんと続けることによって可能になっているのです。それが老舗の生き残りの重要な鍵といえるでしょう。

人間力を高めるワンステップ

✦ 物事を受け継ぐ側に必要な努力とはなんでしょうか

✦ あなたの家庭に長く息づく教えやルールはありますか

「ならぬことはならぬ」

活かす力

私たちは大人の責任として、次代を担《にな》う子供たちに、自分を律することのできるきちんとした基準を、どのようにして示していくことができるのでしょうか。

自分の子供のころを振り返ってみると、親や近所の人に褒《ほ》められたり、叱られたりした思い出があるでしょう。子供は家庭や社会でのしつけを通じて、「やってはいけないこと」「やらなければならないこと」を学びます。

つまり、しつけは親や周囲の人々によって善悪の基準を教えられる「他律《たりつ》」といえます。それによって、子供たちは社会のルールを身につけ、自分を律することを覚えていきます。

江戸時代の会津藩《あいづ》（現在の福島県）は、子弟《してい》の教育に力を入れたことで知られています。藩校「日新館《にっしんかん》」に入学する前の六歳から九歳の子供たちは、同じ町内の子供同士で「什《じゅう》」と呼ばれる十人ぐらいの集団をつくっていました。什には「什の掟《おきて》」として、「嘘を言ってはならない」「卑怯《ひきょう》な振る舞いをしてはならない」「弱い者をいじめてはならない」などの約束事が決められ、子供たちはこれを守るように努めました。

「什の掟」の最後は、「ならぬことはならぬものです」という言葉で締めくくられています。

「ならぬことはならぬ」

短い言葉ですが、現代の私たちに対しても非常に強く響いてくる言葉です。

もちろん、「什の掟」の内容は、武家社会の道徳を反映したものですから、現在にはそぐわないものもあります。

しかし、しつけとしての「他律」を必要とする年齢の子供たちに対して、自分を律していくための善悪の基準をきちんと示すというあり方は、現代のように社会生活の基本的なマナーやモラルを見失ってきている時代に生きる私たちにとって、あらためて見直すべきものがあるのではないでしょうか。

人間力を高めるワンステップ

✦ 家庭でのしつけで大切にしていることは何かありますか

✦ どんなときにマナーやモラルの大切さを感じますか

活かす力

〝育ち合う思い〟を大切に

私たちは誰もが家族をはじめ職場や地域社会のさまざまな人間関係の中で、実に多くの人と関わりながら生活しています。しかし、すべての人が自分の顔見知りであり、また直接につながりがある人とは限りません。

日常生活の中で出会う人とは深い人間関係があるわけでもなく、たまたま少し関わりがあっただけという場合が少なくありません。

しかし、お互いに〝育ち合う〟関係は、家族や知人といった範囲に留まりません。たとえ相手のことを知らなくても、あなたの優しさや思いやりのある心づかいが、相手の琴線《きんせん》に触《ふ》れ、相手の心を大きく育てることがあります。またその反対に、相手から育てられることもあります。「偶然に出会ったあの人のあのひと言が、私に勇気と希望を与えた」と感じている人も多くいることでしょう。

家庭や学校、職場や地域社会の中で、この〝育ち合う思い〟を大切にし、できるだけ優しい言葉や明るい笑顔と挨拶を心がけて、相手に接してみてはいかがでしょうか。

その心がより多くの人に広がっていったとき、私たちの社会は明るく、そしてよりよく改善されていくことになるのではないでしょうか。

何気ない関わりでも、お互いに育ち合う思いを持つことが大切なのです。

人間力を高めるワンステップ

✦ あなたを支えている出会いとは

✦ これから出会う人にとってどんな自分でありたいですか

学びを
行動に
変える

人間力トライ

「人間力ポイント」とは、人間力を高めるために身につけたいエッセンス。お話の中から探して、実生活ですぐにできるToDoを見つけましょう

心に残った1話

タイトル

ページ

「人間力ポイント」を書き出しましょう

人間力を高めるためのToDo

「人間力ポイント」にチャレンジするためのやることリストをつくりましょう
ヒント ❶数字でToDoを具体的に　❷大きなToDoは小さく分割

- □
- □
- □

◀ こちらから目標設定シートがダウンロードできます

〈 記入例 〉

学びを行動に変える

人間力トライ

「人間力ポイント」とは、人間力を高めるために身につけたいエッセンス。お話の中から探して、実生活ですぐにできるToDoを見つけましょう

心に残った1話

34 ページ　タイトル　幸せスイッチをオンにする

「人間力ポイント」を書き出しましょう

「感謝の種」に気づくこと
「ありがとう」を言う

人間力を高めるためのToDo

「人間力ポイント」にチャレンジするためのやることリストをつくりましょう
ヒント ❶数字でToDoを具体的に　❷大きなToDoは小さく分割

- □ 1日3つ うれしかったことを発見する
- □ 家族のグループLINEに小さな幸せ(写真)や感謝メッセージを送る
- □ ネガティブな出来事を「○○に感謝」と言い換える

心に残った1話のページとタイトルを書きます

あなたが"これ"と感じるポイントでOK！いくつ書いてもOK！単語や文章を書きます

行動目標をできるだけ具体的に書きます

もっと人間力を高めたくなったら読む本
——小さな自分を脱ぎ捨てるヒント

令和6年3月9日　　初版第1刷発行

編　者　　「ニューモラル」仕事と生き方研究会
カバー&
本文デザイン　滝口博子（ホリデイ計画）
イラスト　藤田眞里子

発　行　公益財団法人モラロジー道徳教育財団
〒277-8654　千葉県柏市光ヶ丘2-1-1
電話　04-7173-3155
https:// www.moralogy.jp
発　売　学校法人廣池学園事業部
〒277-8686　千葉県柏市光ヶ丘2-1-1
電話　04-7173-3158
印　刷　精文堂印刷株式会社

ISBN978-4-89639-293-7